TALMUD

תלמוד
בבלי

יוצא לאור
בשנת
תשכ״א
על־ידי
פאר־התורה

פאר התורה

כמו שנדפס
בדפוס
למברג
בלאבאן
תרנ״ג

탈무드

TALMUD

유대교 랍비 지음

더스토리

탈무드, 시대를 넘어 전한 지혜

"삶은 짧지만, 지혜는 길다."

수천 년 동안 이어진 대화와 논쟁은
오늘 우리에게도
여전히 살아 있는 빛을 전한다.
탈무드는 단순한 종교 문헌이 아니라
삶을 성찰하고 사람과 사람 사이의
관계를 일깨우는 지혜의 거대한 보고다.
책장을 펼치는 순간, 우리는 질문을 배우고
타인의 목소리를 경청하며
스스로의 길을 묻는 여행자가 된다.

기억해야 할 10가지 지혜

❶ 지혜의 가장 높은 형태는 친절이다.

▶ 지식과 재능은 사라지지만, 따뜻한 마음은 영원히 남는다.

❷ 대접받고 싶은 대로 남을 대접하라.

▶ 타인을 대하는 방식 속에 곧 나의 인간됨이 드러난다.

❸ 겸손은 위대함으로 가는 열쇠다.

▶ 낮출 줄 아는 자만이 더 높아지고, 더 깊어질 수 있다.

❹ 의로운 사람은 말이 적고 행동이 많다.

▶ 말은 쉽게 흩어지지만, 실천은 세대를 넘어 증거로 남는다.

❺ 누가 보지 않아도 바르게 행동하라.
▶ 진정한 도덕은 은밀한 순간, 홀로 있을 때 드러난다.

❻ 신을 웃게 하고 싶다면 다시 계획을 말하라.
▶ 인간의 계산을 넘어서는 힘이 있음을 잊지 말라.

❼ 모두에게 웃는 얼굴로 인사를 시작하라.
▶ 가장 단순한 인사가 세상을 따뜻하게 바꾸는 첫걸음이다.

❽ 배움에는 끝이 없다.
▶ 배우기를 멈추는 순간, 성장도 멈춘다.

❾ 분노를 다스리는 자가 진정한 강자다.
▶ 타인을 이기는 힘보다, 자신을 이기는 힘이 더 위대하다.

❿ 작은 감사가 큰 행복을 부른다.
▶ 고마움을 잊지 않는 마음이 삶을 충만하게 만든다.

차례

1 지혜를 구하다

2 사람은 무엇으로 사는가

3 고난은 웃음을 낳는다

1

지혜를 구하다

못생긴 그릇

어느 마을에 학식이 높고 총명하지만 얼굴이 못생긴 랍비가 살았다. 그러던 어느 날 그 랍비는 궁전에서 열리는 연회에 초대를 받았다. 그곳에서 랍비는 공주와 만나게 되었다. 공주는 랍비의 얼굴을 보고 말했다.

"그대는 놀라운 지혜를 가지고 있지만, 그 지혜는 너무 못생긴 그릇에 담겨 있군요."

공주의 말을 들은 랍비는 공주가 들고 있는 포도주 잔을 보며 말했다.

"못생겨서 죄송합니다. 그런데 공주님, 로마 왕궁에서는 포도주를 어디에 담아두는지요?"

공주는 포도주 잔을 한번 흘끗 보고 말했다.

"포도주야 당연히 나무통에 담아두지요."

공주의 말을 들은 랍비는 깜짝 놀라며 말했다.

"아니 로마의 황제와 공주께서 드시는 포도주를 어떻게 보잘것없는 나무통에 담아둡니까? 왕궁에는 훌륭한 금그릇과 은그릇도 많을 텐데 왜 거기에 담아두지 않는 것인지요?"

랍비의 이야기를 들은 공주는 그 말이 옳다는 생각에 곧바로 시녀를 시켜서 나무통에 담긴 포도주를 금과 은으로 만든 그릇에 담도록 명했다. 하지만 금그릇과 은그릇에 담긴 포도주는 얼마 되지 않아 맛이 변해버렸다. 이에 로마 황제는 분노했다.

"누가 술을 이런 그릇에 담는 짓을 했더냐?"

황제의 분노에 모두 어쩔 줄 몰라 하는 가운데 공주가 말했다.

"황제께서 드시는 포도주라서 좋은 그릇에 담는 것이 옳을 듯하여 제가 그리하였습니다."

"보아라. 포도주 맛이 변하지 않았느냐. 너

는 금그릇과 은그릇이 포도주의 맛을 변하게 한다는 것을 몰랐던 것이냐?"

황제는 혀를 찼다. 황제에게 망신당한 공주는 당장 랍비를 불러들였다.

"랍비 선생. 지혜로우며 많은 것을 알고 있는 분이 어찌 제게 그런 이야기를 했나요?"

화를 내는 공주에게 랍비는 태연하게 대답했다.

"저는 아무리 귀한 것일지라도 때로는 못생긴 그릇에 담아두는 것이 더 나을 수도 있다는 사실을 알려드리고 싶었습니다."

일곱 발의 총알

유대인 한 명이 은행에서 많은 돈을 찾아서 가방에 넣은 후 회사로 돌아가고 있었다. 그런데 작은 골목에서 강도가 나타나 권총을 겨누며 돈 가방을 내놓으라고 말했다. 유대인은 돈 가방을 강도에게 건네주며 사정을 말했다.

"제가 선생님께 돈을 드리는 것은 사실 별로 문제가 되지 않습니다. 그런데 저는 회사에 가서 돈 가방을 제가 빼돌린 것이 아니라 강도에게 빼앗겼다고 이야기해야 합니다. 그러려면 선생님의 도움이 필요합니다. 선생님의 권총으로 제 옷에 구멍을 몇 개만 내주시면 안 되겠습니까?"

강도는 유대인의 말이 일리가 있다고 생각

해 그의 말대로 하겠다고 했다.

유대인은 입고 있던 양복 상의를 벗어들고 말했다.

"우선 오른쪽 겨드랑이에 한 발 부탁드립니다."

강도는 크게 인심 쓰듯이 양복 상의의 오른쪽 겨드랑이에 권총을 한 발 쏘았다.

"왼쪽 옷깃에도 한 발 부탁드립니다."

강도는 왼쪽 옷깃에도 총을 한 발 쏘았다.

"오른쪽 어깨에도 부탁드립니다."

강도는 오른쪽 어깨에도 총을 쏘았다.

"왼쪽 어깨 쪽에도 부탁드립니다."

강도는 왼쪽 어깨 쪽에도 한 발 쏘았다.

유대인은 상의를 살펴보고 강도에게 말했다.

"상의는 된 것 같으니 바짓단에도 한 발 부탁드립니다."

강도는 유대인의 부탁대로 바짓단에 권총을

한 발 쏘았다.

"이쪽 바짓단에도 부탁드립니다."

강도는 한 발 더 권총을 쏘았다.

유대인은 중절모를 벗어 들고 강도에게 말했다.

"옷은 다 된 것 같으니 마지막으로 이제 이 모자에 한 발만 부탁드립니다."

강도는 모자를 향해 또다시 방아쇠를 당겼다.

강도가 일곱 발의 권총을 쏘고 방심한 사이에 유대인은 강도에게 달려들어 주먹으로 그의 얼굴을 치고 돈 가방을 다시 되찾아 도망쳤다.

강도는 도망가는 유대인을 향해 권총을 쏘았다. 하지만 옷의 구멍을 뚫느라 권총의 총알을 모두 사용해버려서 총알이 더는 남아 있지 않았다.

강도의 권총은 총알을 일곱 발만 장전할 수 있는 총이었는데 유대인이 이 사실을 알고 총알을 다 쓰도록 유도한 것이었다. 이로써 유대인은 강도를 물리치고 돈이 든 자신의 가방을 찾을 수 있었다.

삶은 달걀

어느 날 아이들이 모여서 식사로 삶은 달걀을 먹었다. 배가 고팠던 아이 한 명이 자기 몫의 달걀을 다 먹고 난 후 옆에 있는 아이에게 달걀을 하나만 달라고 했다. 그러자 그 아이가 말했다.

"달걀을 줄게. 그런데 조건이 있어. 빌려준 달걀을 돌려줄 때는 달걀만 주는 것이 아니라 달걀로 내가 얻게 될 이익까지 모두 계산해서 주어야 해. 다른 친구들을 증인으로 세우고 내 말대로 하겠다고 맹세할 수 있겠어?"

배고픈 아이는 그러겠다고 대답했다. 하지만 아이들이 으레 그렇듯이 그 일에 대해 까맣게 잊고 말았다.

시간이 지난 후에 달걀을 빌려준 아이가 달걀을 돌려달라고 말했다. 달걀을 빌린 아이는 별생각 없이 달걀 하나를 돌려주었다. 하지만 달걀을 빌려준 아이는 인상을 찌푸리며 받지 않았다.

"왜 하나만 주려고 하지? 계산이 잘못되었어."

두 아이는 왕에게 찾아가 이 문제에 대한 시비를 가려달라고 청했다. 두 아이 중 달걀을 빌려줬던 아이가 달걀을 빌려줄 때의 조건을 이야기하며 말을 이었다.

"저는 달걀 하나가 아니라 이를 통해 얻을 수 있는 이익까지 받아야 합니다."

그런 뒤, 달걀을 빌려준 아이는 달걀로 얻을 수 있는 이익에 대해 말했다. 첫해에는 달걀에서 병아리 한 마리가 부화하고, 다음 해에는 그 병아리가 닭이 되어 열여덟 개의 알을 낳아서 새끼를 치고, 다음 해에는 열여덟 마리가 커서 새끼를 각각 열여덟 마리씩 가지면…….

이런 식으로 계산하다 보니 달걀 하나의 값은 점점 어마어마한 돈으로 커져갔다. 달걀을 빌린 소년이 난처해하며 법정을 나왔다. 마침 그 앞에 있던 솔로몬이 소년을 보고 무슨 일인지 물었다. 소년은 친구에게 달걀을 빌린 이야기를 자세히 말했다.

"그래서 왕께서는 뭐라고 말씀하시더냐?"

"달걀 한 개에서 생길 수 있는 이익을 모두 갚아야 한다고 하셨습니다. 전 그 많은 것을 어떻게 감당해야 할지 모르겠습니다."

솔로몬은 소년의 말을 듣고 잠시 생각하다가 소년에게 자신의 의견을 말했다.

"밭에 가서 왕의 군사들이 지나갈 때 그들에게 삶은 콩을 심고 있다고 이야기하거라. 그러면 병사들이 무슨 말도 안 되는 이야기를 하느냐고 물을 거야. 그러면 너는 병사들에게 삶은 달걀에서 병아리가 나온다는 이야기를 들은 적이 있나요, 하고 되물어 보아라."

소년은 곧바로 나가서 솔로몬의 말대로 밭에 삶은 콩을 심었다. 잠시 후에 왕의 군사들이 지나가다가 이 모습을 보았다. 병사 한 명이 물었다.

"밭에 뭘 심고 있느냐?"

"삶은 콩을 심고 있어요."

"삶은 콩을 심어? 별 희한한 일을 다 하는구나. 삶은 콩을 심는다고 싹이 나지는 않을 거 아니냐?"

소년은 그 말을 듣고 병사에게 되물었다.

"그러면 삶은 달걀에서 병아리가 부화한다는 말은 들어보신 적이 있나요?"

병사들이 지나갈 때마다 소년은 삶은 콩을 심으며 똑같은 말을 반복했다. 이 이야기가 왕의 귀에까지 흘러 들어갔고 왕은 소년을 불러 이러한 행동이 본인의 생각이었는지 물었다. 소년은 솔로몬이 가르쳐준 것이라고 대답했다.

왕은 솔로몬을 불러서 이 사건을 어떻게 해결해야 할지 자문을 구했다. 솔로몬은 왕에게 말했다.

"삶은 달걀은 절대로 병아리가 될 수 없지요. 그러니 이 소년은 달걀 하나만 갚으면 될 것 같습니다."

솔로몬의 지혜 덕분에 소년은 달걀을 하나만 돌려주는 것으로 이 일을 끝낼 수 있었다.

소경의 등불

나그네가 어두운 밤길을 걷고 있었다. 나그네는 맞은편에서 등불을 들고 길을 걷는 사람을 보았다. 좀 더 가까이 다가가보니 그 사람은 소경이었다. 나그네는 이상한 생각이 들어서 소경에게 말했다.

"이보시오. 당신은 앞을 볼 수 없을 터인데 등불은 왜 들고 다니는 거요?"

그 말에 소경이 대답했다.

"내가 등불을 들고 다니면 앞이 보이는 사람들에게 소경이 걷고 있다는 것을 알려줄 수 있기 때문입니다."

혀 이야기 1

어느 나라의 왕이 이상한 병에 걸리고 말았다. 그 병은 의사들이 지금까지 보지 못했던 병이었다. 의사들은 왕이 사자의 젖을 마셔야 낫는다고 말했다. 그래서 왕은 자신의 병을 고치기 위해 사자의 젖을 구한다는 포고령을 내렸다.

왕의 포고령을 들은 한 남자는 꾀를 내 사자의 젖을 확보했다. 남자는 사자의 젖이 든 병을 들고 왕궁으로 향했다. 그는 으스대며 자신을 칭찬했다. 한편 남자의 신체 기관들이 그 말을 듣고 서로 싸우기 시작했다. 다리는 자기가 있었기 때문에 사자가 있는 동굴까지 갈 수 있었다고 주장했고, 눈은 자기가 앞을 보았기 때문에 사자의 동굴을 찾아 그곳에 간 것이라고 주장했다. 심장은 자기 때문에 용감하게 사자에게 다가갈 수 있었던 거라고 주장했다. 마침내 혀가 그들에게 큰 소리를 치며 말했다.

"너희들은 그래 봐야 내가 없으면 아무것도 아니야."

혀의 말에 몸의 각 부위들이 동시에 혀를 꾸짖었다.

"뼈도 없는 것이 무슨 소리야!"

그러자 혀는 조용히 말했다.

"누가 가장 중요한지 내가 확인시켜주겠어."

얼마 후, 남자는 왕궁에 도착해 왕에게 사자의 젖을 바쳤다. 왕은 남자에게 물었다.

"이것은 무엇이냐?"

남자는 대답했다.

"네, 폐하, 이것은 개의 젖입니다."

그제야 혀를 꾸짖었던 다른 신체 부위들이

혀의 강함을 알게 되어 혀에게 사과를 했다. 사과를 받은 혀가 다시 말했다.

"폐하, 제가 잘못 말씀드렸습니다. 이것은 병을 고칠 수 있는 사자의 젖입니다."

이처럼 중요한 부분이 자제력을 잃게 되면 더 큰 실수를 저지르게 되는 법이다.

붕대

어느 나라의 왕이 상처 입은 아들에게 붕대를 감아주며 말했다.

"아들아, 이 붕대를 꼭 감아두거라. 그러면 너는 먹거나 달리거나 물속에 들어갈 때도 아픔을 느끼지 않을 것이다. 그러나 붕대를 풀면 상처가 커질 것이다."

인간의 마음도 이와 같다. 마음속에 있는 '악한 마음'이라는 상처를 법률이라는 붕대를 감고 있기에 악에 빠지지 않게 되는 것이다.

랍비의 재산

어느 호화 유람선에서 있었던 일이다.

호화 유람선에 타고 있는 사람들은 모두 엄청난 부자들이었는데, 그들 가운데 랍비가 한 사람 있었다. 부자들은 서로 자신의 재산을 자랑했다. 그들은 비싼 보석과 금장식과 보물들을 보여주며 자신이 가진 부를 뽐내고 있었다. 그들 가운데 한 부자가 랍비를 보고 말했다.

"랍비 선생님은 아무것도 가진 게 없는 것 같군요."

그러자 랍비가 그 부자에게 답했다.

"아닙니다. 여기서 아마 내가 제일 부자일 겁니다. 다만 내가 가진 재산을 여러분에게 보여드릴 수 없으니 유감이군요."

부자들은 크게 웃으며 랍비를 비웃었다.

그런데 잠시 후에 해적들이 호화 유람선을 습격했다. 해적들은 부자들이 가진 금은보석과 온갖 귀한 것을 몽땅 털어갔다. 부자들은 순식간에 거지가 되어버렸다. 하지만 랍비는 가진 것이 별로 없다 보니 빼앗긴 것도 거의 없었다.

해적이 떠난 뒤 배는 겨우 항구에 들어설 수 있었다. 랍비는 그 마을에서 제자들을 가르치다가 학교를 세웠고 학교는 학식이 높은 랍비 덕분에 나날이 번창했다.

그러던 어느 날, 랍비는 같이 배에 탔던 부자와 우연히 마주쳤다. 그런데 보석이 아주 많고 부유한 옷차림을 하고 있던 그 부자는 빈털터리가 되어 있었다. 한때 부자였던 남자가 랍비에게 말했다.

"확실히 당신이 옳았습니다. 교육을 받은 사람은 모든 것을 가진 것과 마찬가지입니다."

물질적인 재산은 크게 불어났다가 순식간에

사라져버리기도 한다. 하지만 지식은 누구도 빼앗을 수 없으며 사라지지도 않는다. 그러므로 무엇보다 교육이 가장 귀하다.

두 랍비와 땅 하나

두 명의 랍비가 땅 하나를 두고 다투었다. 그런데 한 사람의 랍비가 땅값을 흥정하는 동안 또 다른 랍비가 그 땅을 사버리고 말았다. 땅을 사지 못한 랍비가 땅을 구입한 랍비에게 말했다.

"어떤 사람이 과자를 사려고 제과점에 갔습니다. 그런데 그 사람이 원하는 과자를 사려고 보고 있는데 늦게 온 다른 사람이 그 과자를 덥석 집어가서 계산해 버렸습니다. 이런 상황에 대해서 어떻게 생각하십니까?"

땅을 산 랍비가 말했다.

"그거야 당연히 잘못된 것이지요."

"이번에 당신이 땅을 산 것이 바로 과자를 산 것과 같은 행동입니다. 다른 사람이 당신보다 먼저 땅을 보고 땅값을 흥정하고 있었는데 그 땅을 당신이 산 것이지요."

"그러면 이 일을 어떻게 해결하면 좋겠습니까?"

땅을 구입한 랍비가 말했다.

두 랍비는 그 땅을 어떻게 해야 할지 의논했다. 땅을 사지 못한 랍비는 땅을 자신에게 파는 것으로 해결하면 어떻겠냐고 물었다. 하지만 땅을 구입한 랍비는 땅을 사자마자 파는 일은 운을 떨어뜨리는 일이기 때문에 그러고 싶지 않다고 말했다. 그래서 땅을 구입한 랍비가 땅을 사지 못한 랍비에게 자신의 땅을 선물로 주겠다고 말했다. 땅을 사지 못한 랍비 또한 땅값을 내지 않고 땅을 받는 것은 싫다고 말했다.

결국 땅을 구입했던 랍비가 자신의 땅을 학교에 기부했고 그렇게 두 사람의 문제는 해결됐다.

로마를 구한 랍비

동갑인 이스라엘의 랍비와 로마의 황제는 오랫동안 친구로 지내왔다. 둘은 학식에 대한 의견을 나누며 서로를 믿었고 어려울 때는 조언을 구하기도 했다. 이러한 두 사람의 우정은 로마와 이스라엘의 관계가 나빠졌을 때도 계속됐다.

어느 날, 로마 황제가 일을 처리하려고 하는데 결단을 내리지 못하고 있었다. 대신들과 회의도 해보았지만 뾰족한 결론이 나지 않았다. 황제는 고민 끝에 친구인 랍비에게 이에 대한 의견을 구하기로 했다. 자신이 가장 믿는 부하에게 자신의 상황에 대해 자세히 적은 편지를 주며 말했다.

"로마와 이스라엘의 관계가 좋지 않으니 그에게 이 편지를 전해주는 일에 대해서 아는 사람이 없어야 할 것이다. 당장 이 편지를 가지고 이스라엘로 가서 랍비에게 전하고 답장을 받아오너라."

부하는 황제의 편지를 받아서 아무도 모르게 조용히 로마를 벗어났다. 그리고 이스라엘에 도착한 부하는 랍비를 만나서 황제의 편지를 전했다.

랍비는 황제의 편지를 읽어보았다. 편지에는 황제가 자신의 아들을 왕위에 앉히는 일과 티베리아를 자유 무역 도시로 만드는 데에 있어 어려움을 겪고 있다는 내용이 적혀 있었다. 왕은 두 가지 모두 이루고 싶지만 반대에 부딪히고 있다고 했다. 랍비는 곰곰이 생각하다가 아들을 불러서 비둘기를 잡아오라고 말하고는 황제의 부하가 지켜보는 가운데 아들이 잡아온 비둘기를 받아들고 말없이 그의 아들을 목말 태웠다. 잠시 후 랍비는 목말을 탄 아들에게 비둘기를 건네주었다. 아들은 비둘기를 하늘로 날려 보냈다. 부하는 랍비에게 인사를 하고 로마 황제에게로 돌아왔다.

"어서 오너라. 답장은 받아왔겠지?"

"아닙니다, 폐하. 랍비께서는 답장을 주시지 않았습니다."

부하는 랍비가 보여준 행동을 황제에게 그대로 전했다. 황제는 랍비의 행동이 어떤 뜻인지 곧바로 알 수 있었다. 황제는 생각했다.

'먼저 내 아들을 왕위에 앉힌 후에 티베리아를 자유 무역 도시로 풀어주라는 뜻이로군.'

황제는 랍비의 말대로 아들을 황제의 자리에 앉히려고 했다. 하지만 또다시 그의 뜻에 반대하는 대신들 때문에 마음대로 그 뜻을 펼칠 수 없었다.

황제는 또다시 랍비의 의견을 듣기 위해 부하를 통해 편지를 보냈다. 편지에는 아들을 황위에 올리려는데 반대하는 대신들 때문에 뜻을 이루지 못하고 있으며, 이들이 자신까지 해치려는 음모를 꾸미고 있는데 그 수가 적지 않으니 이를 어찌해야 할지 모르겠다고 적혀 있었다.

랍비는 편지 내용을 살펴본 후, 채소밭으로 나가서 잡초를 하나 뽑아서 채소밭 바깥으로 던졌다. 그러고 돌아와서 있던 자리에 다시 앉았다. 또 몇 분 있다가 다시 채소밭으로 가더니 잡초를 하나 뽑아 밖으로 던졌다. 랍비는 이런 행동을 몇 분 간격으로 되풀이했다.

부하는 황제에게 돌아가서 이러한 랍비의 행동을 그대로 전했다. 황제는 잠시 생각하고는 랍비의 행동이 어떤 뜻인지 단번에 알아챘다. 왕은 생각했다.

'이번에도 좋은 조언을 보냈구나. 반대하는 대신들을 한꺼번에 처리하지 말고 하나씩 하나씩 시간을 두고 나누어서 처리하라는 것이로구

나.'

랍비의 의견대로 황제는 반대하는 대신들을 한 사람씩 정리하고 난 후에 아들에게 황제의 자리를 물려주었다. 그리고 황제의 아들은 다음 대의 황제가 되어 티베리아를 자유 무역 도시로 풀어주었다.

범인은 누구인가

어느 집주인이 세 사람을 자신의 집으로 초대했다. 손님들이 돌아간 후 주인은 자신이 아끼던 은으로 만든 촛대가 없어진 것을 알게 되었다. 다음 날 집주인은 손님 세 명을 데리고 랍비를 찾아가서 전날 밤에 있었던 일을 이야기했다. 랍비는 사정을 들은 후 잠시 생각한 뒤 그들에게 말했다.

"조금 후에 옆방을 어둡게 해두겠습니다. 그리고 방 한가운데의 탁자 위에 촛대를 올려둘 것이니 여러분은 순서대로 한 명씩 들어가서 촛대를 만지고 나오세요."

그 말이 무슨 뜻인지 알 수 없어서 네 사람은 랍비를 멀뚱멀뚱 쳐다보았다. 랍비는 말을 이었다.

"나는 하느님께 그 촛대에 마법의 힘을 내려 달라고 기도를 드릴 겁니다. 만약 여러분 중에 어제 촛대를 훔친 사람이 있다면 그 사람은 촛대를 만지는 순간 벼락을 맞은 것처럼 온몸이 마비되고 감전되어 비명을 지르게 될 겁니다."

랍비는 옆방을 어둡게 만든 후 탁자 가운데에 촛불을 놓았다. 주인이 거짓말을 하는 것일 수도 있으므로 주인부터 손님들까지 차례대로 그 방에 들어가서 촛대를 만지고 나왔다. 그러나 어느 누구도 감전되어 비명을 지르는 일은 없었다.

랍비는 방에 다녀온 네 명에게 손바닥을 내밀도록 지시했다. 그런데 네 명 가운데 한 사람의 손만 깨끗했다. 그가 바로 촛대를 훔친 범인이었다. 랍비는 도둑을 찾기 위해서 촛대에 검댕을 묻혀두었는데, 감전이 될까 두려웠던 범인이 촛대를 만지지 않았던 것이다.

만찬

어느 날, 왕이 만찬을 열겠다고 선언했다. 그런데 그 만찬이 언제 열릴지는 말하지 않았다. 왕의 선언을 듣고 신하들은 두 부류로 나뉘었다. 한 부류는 왕의 일이니 원하는 아무 때라도 만찬을 벌일 수 있을 것으로 생각했다. 그래서 그들은 미리 준비하고 있다가 언제 만찬이 열리든지 참여할 수 있도록 왕궁 앞에서 기다리고 있었다. 다른 부류는 만찬을 열려면 준비할 시간이 많이 필요할 것이라 생각하고 아무런 준비도 하지 않고 있었다.

그러던 어느 날 갑자기 왕은 만찬을 베풀겠다고 하며 신하들을 왕궁으로 불러들였다. 미리 준비하고 왕궁 앞에서 기다리고 있던 현명한 사람들은 곧바로 왕궁으로 들어가서 만찬에 참여할 수 있었다. 그들은 맛있는 음식을 배불리 먹었다. 하지만 만찬을 기다리고 준비하지 않던 어리석은 사람들은 만찬에 참석할 수 없었다.

사람은 언제 신의 부름을 받게 될지 알 수 없다. 그렇기 때문에 신의 만찬에 초대받았을 때 당황하지 않고 바로 갈 수 있도록 항상 준비를 해야 한다.

신의 증거

신의 존재를 믿지 않는 로마인이 랍비를 찾아와서 말했다.

"당신들이 말하는 신이 도대체 어디 있단 말이요? 신이 존재한다는 증거를 보여준다면 나도 하느님을 믿겠소."

랍비는 로마인을 데리고 밖으로 나왔다.

"저 태양을 자세히 살펴보시오."

로마인은 태양을 곁눈질로 살짝 쳐다보고 나서 랍비에게 말했다.

"말도 안 되는 소리 아닙니까. 태양을 어떻게 똑바로 쳐다볼 수 있소?"

랍비가 로마인에게 말했다.

"당신은 하느님이 만든 것 중의 하나인 태양

도 제대로 볼 수 없는데 어떻게 위대하신 분을 볼 수 있다고 생각하는 겁니까?"

되찾은 돈주머니

장사꾼 한 명이 도시로 물건을 사러 갔다. 그런데 장사꾼은 우연히 물건의 값이 며칠 후에 많이 떨어질 거라는 이야기를 듣게 되었다. 그래서 그는 조금 기다렸다가 물건을 사기로 마음먹었다. 장사꾼은 수중에 많은 돈을 가지고 있는 것이 불안해서 아무도 모르는 곳에 그 돈을 묻어놓았다.

다음 날 장사꾼은 자기가 묻어둔 돈이 전부 사라진 것을 발견했다. 돈을 묻는 모습을 본 사람이 아무도 없었는데 돈이 왜 사라졌는지 그는 그 이유를 알 수 없었다. 장사꾼은 주변을 둘러보다가 돈을 묻어두었던 장소에서 조금 떨어진 곳에 위치한 집 벽에 구멍이 뚫려 있는 것을 발견했다. 그 집에 사는 사람이 구멍으로 자신이 돈을 땅에 묻는 모습을 보고 있다가 꺼내갔다는 것을 알아차렸다. 장사꾼은 어떻게 하는 것이 좋을까 고민하다가 그 집으로 찾아갔다. 그 집의 주인은 노인이었다. 장사꾼이 노인에게 말했다.

"어르신이 지혜가 많다는 이야기를 듣고 찾아왔습니다. 제게 조언을 부탁드립니다."

노인은 뻔뻔한 표정으로 물었다.

"무슨 일이시오?"

장사꾼이 대답했다.

"저는 물건을 사기 위해서 이 도시에 왔습니다. 돈주머니를 두 개 가지고 왔는데 하나는 은화가 500개 들어 있는 주머니이고, 또 하나는 은화가 800개 들어 있는 주머니입니다. 그중에서 은화가 500개 든 주머니는 아무도 모를 만한 곳에 묻어두었습니다. 그런데 나머지 주머니 하나를 들고 다니려니 불안한 마음이 들지

뭡니까. 그래서 어떻게 할까 조언을 듣고자 이렇게 어르신을 찾아왔습니다. 은화 800개를 넣어둔 주머니와 땅에 함께 묻어두는 것이 좋을까요, 아니면 믿을 만한 사람에게 맡기는 것이 좋을까요?"

노인이 대답했다.

"나라면 아무도 믿지 않을 거요. 그러니 은화 800개를 넣은 주머니를 묻어둔 곳에 함께 묻어두는 것이 더 나을 것 같습니다."

노인은 장사꾼이 돌아간 후에 자신이 땅에서 꺼내온 돈주머니를 원래 있던 자리에 다시 묻어두었다. 장사꾼은 몰래 숨어서 그것을 지켜보고 있다가 노인이 돌아간 후에 자신의 돈주머니를 되찾을 수 있었다.

기적이란

3층 집에서 랍비가 성경을 보고 있었다. 그런데 갑자기 칼을 든 강도가 집으로 들어왔다.

"너는 하느님이 사랑하는 랍비로군. 나에게 하느님의 기적을 보여주게. 자네가 3층에서 뛰어내려 하느님이 살아 있는 분이라는 것을 한번 증명해보라고."

랍비는 갑자기 닥쳐온 위기에 아찔했다. 그래서 지혜를 달라고 하느님께 기도했다. 랍비가 강도에게 말했다.

"3층에서 1층으로 뛰어내리는 건 아무나 할 수 있는 일이지. 거기에 기적이라는 이름을 갖다 붙이기도 민망한 일이다. 진정한 기적은 1층에서 3층으로 뛰어오르는 것이지. 만약 네가 진짜 기적을 보고 싶다면 여기서 기다려라. 내가 1층에서 여기 3층 창문까지 뛰어오를 테니."

랍비의 말이 신빙성이 있다고 생각한 강도는 말했다.

"그러면 지금 네가 나에게 1층에서 3층까지 뛰는 기적을 보여준다는 말이냐?"

"하느님의 기적을 직접 보고 싶다면 그렇게 해주지. 어쩔 테냐?"

랍비의 자신만만한 태도에 강도가 말했다.

"그래? 그렇다면 그 기적을 직접 보고 싶군. 여기 3층에서 기다릴 터이니 1층으로 내려가서 어서 뛰어올라보아라."

강도의 말이 끝나자마자 랍비는 1층으로 후다닥 뛰어 내려가 지나가는 경찰에게 도움을 요청했다.

쪽지

로마가 이스라엘을 지배하던 시기의 일이다.

어느 날, 어떤 로마인 한 명이 살해를 당했다. 범인을 찾는 데에 어려움을 겪던 로마 병사들은 유대인 가운데 아무나 붙잡아다가 사형시켜 사람들의 본보기로 삼아야겠다고 생각했다. 로마 병사가 사형장에 유대인을 끌고와서 물었다.

"너는 유대교를 믿겠지? 네가 믿는 하느님을 시험해보아야겠군. 이 항아리 안에는 두 개의 쪽지가 들어 있다. 하나는 사형이라고 적혀 있고 다른 하나에는 사형을 면제한다고 적혀 있다. 너의 신이 너를 돕는다면 너는 분명히 사형을 면제한다고 적힌 쪽지를 뽑겠지."

로마 병사는 항아리를 유대인에게 내밀었다.

"자, 어서 뽑아라. 뽑은 쪽지에 적힌 대로 하겠다."

하지만 실상 두 쪽지 모두에 '사형'이라고 적혀 있었기 때문에, 뭘 뽑든 간에 유대인이 죽음을 피하기는 어려웠다. 유대인은 로마 병사의 속셈을 쉽게 알아차렸다. 그래서 어떻게 해야 할지 고민하다가 기도를 했다. 얼마 후 기도를 마친 유대인은 항아리 안에서 쪽지 한 장을 꺼내어 재빨리 입에 넣고 삼켜버렸다. 병사는 놀라서 말했다.

"쪽지를 먹어버리면 어떻게 하느냐! 쪽지 내용을 알 수 없지 않느냐."

유대인이 대답했다.

"그거야 간단한 일입니다. 저 항아리 속에 남은 쪽지에 뭐라고 적혀 있는지 펴보면 제가 어떤 쪽지를 삼켰는지 알 수 있겠죠."

진짜 어머니

지혜가 많은 솔로몬 왕에게 많은 사람들이 도움을 받고자 찾아왔다. 어느 날 두 여자가 솔로몬 왕을 찾아왔다. 두 여자는 한 아이를 두고 서로 자기가 엄마라고 주장하며 솔로몬 왕에게 아이의 진짜 엄마를 가려달라고 말했다.

누가 아이의 진짜 엄마인지 알아내기 어려웠던 솔로몬 왕은 두 여인에게 다음과 같이 말했다.

"두 여인 모두 자기가 아이의 어머니라고 주장하고 있는데 누가 진실을 이야기하는지 조사를 통해서는 알 수 있는 방법이 없소. 그러니 물건의 주인이 누구인지 알 수 없을 때는 공평하게 둘로 나누어 가진다는 유대 전통에 따라 아이를 둘로 나누어 가지도록 판결하겠소."

왕은 병사에게 아이를 당장 둘로 나누라고 명령했다. 그러자 한 여인이 갑자기 울면서 뛰쳐나와 솔로몬 왕에게 말했다.

"아이의 몸을 반으로 나누겠다고 한다면 차라리 저 여자에게 아이를 주세요."

솔로몬 왕은 그 모습을 보고 말했다.

"당신이 바로 이 아이의 진짜 어머니로군."

소경과 절름발이

어느 나라의 왕에게 귀한 과일이 열리는 나무가 있었다. 왕은 그 나무의 과일을 자기 혼자만 먹고 싶었다. 그래서 자신의 과수원을 지키기 위해서 두 사람을 고용했다.

왕이 고용한 사람 중 한 사람은 소경이고 다른 한 사람은 절름발이였다. 왕은 소경과 절름발이가 자신의 나무에서 과일을 따먹지 못할 것이며 그들이 과일나무를 지키는 정도는 충분히 할 수 있을 것이라고 안심했다.

그런데 소경과 절름발이는 얼마나 귀한 과일이기에 왕이 이렇게까지 할까 하는 생각이 들었다. 그래서 소경과 절름발이는 힘을 합쳐서 과일을 따 먹기로 마음먹었다. 혼자서는 과일을 볼 수 없고 나무에 올라갈 수도 없었기 때문에 소경과 절름발이 두 사람은 서로의 다리와 눈을 빌려 과일 몇 개를 따서 맛있게 먹었다.

얼마 후 과수원을 찾은 왕은 나무에 열려 있던 과일이 없어진 것을 알게 되었다. 왕은 소경과 절름발이를 따로따로 불러서 심문했다. 소경은 왕에게 자신이 앞을 볼 수 없는데 어떻게 나무의 과일을 따서 먹겠느냐고 말했다. 절름발이는 과일이 너무 높은 곳에 달려 있으므로 다리를 저는 자신 또한 과일을 딸 수 없다고 말했다. 두 사람의 말이 믿기지는 않았지만 증거가 없었기 때문에 왕은 어쩔 수 없이 두 사람을 벌하지 못했다.

이처럼 둘의 힘은 하나의 힘보다 훨씬 뛰어나다. 사람도 마찬가지다. 육체나 정신 둘 중 하나만 있어서는 아무것도 할 수 없다. 육체와 정신이 조화를 이루어야만 어떤 일이든 할 수 있게 되는 것이다.

여우와 포도밭

여우 한 마리가 포도밭 근처를 지나가다가 울타리 사이의 구멍을 발견했다. 여우는 포도를 먹기 위해 울타리 사이의 구멍에 몸을 집어넣었다. 하지만 구멍의 크기가 너무 작아서 쉽게 포도밭에 들어갈 수가 없었다. 고민하던 여우는 3일 동안 아무것도 먹지 않고 몸을 날씬하게 만든 뒤 구멍을 통과해 마침내 포도밭에 들어갈 수 있었다. 포도밭에서 여우는 마음껏 포도를 먹었다.

실컷 포도를 먹은 여우는 다시 구멍으로 빠져나오려고 했으나 너무 배가 불러서 구멍을 빠져나올 수가 없었다. 여우는 어쩔 수 없이 또 다시 3일 동안 굶은 후에야 구멍을 빠져나올 수 있었다. 여우는 허탈해서 말했다.

"배가 고픈 것은 포도밭에 들어갈 때나 나올 때나 마찬가지군."

인생도 이와 마찬가지다. 알몸으로 태어난 사람은 죽을 때 다시 알몸으로 죽게 되며 유일하게 선행만을 가지고 갈 수 있다.

다리와 뿔

어느 날 멋진 뿔을 가진 사슴이 호수에서 물을 마시다가 호수에 비친 자신의 모습을 보며 말했다.

"내 뿔은 정말 훌륭해. 숲속에 사는 동물들 가운데 나처럼 멋진 뿔을 가진 동물은 아무도 없어! 그런데 하느님은 왜 이런 못난 다리를 주셨을까? 너무 불공평해."

그때 뒤쪽에서 사자가 나타나 사슴에게 달려들었다. 사슴은 놀란 마음을 가라앉히고 가늘고 튼튼한 다리를 부지런히 놀리며 사자의 곁에서 달아났다. 그러다 사슴의 뿔이 나뭇가지에 걸렸고, 사슴은 뿔을 빼내기 위해 온 힘을 다했다. 하지만 사슴은 꼼짝할 수 없었고 결국 자신을 쫓아오던 사자에게 잡혀 죽임을 당했다. 사슴이 말했다.

"못난 다리는 나를 구해주었는데 멋진 뿔이 나를 죽게 만들다니. 내가 잘못 생각하고 있었구나."

모든 것을 잃다

랍비가 당나귀와 개와 등을 가지고 여행을 떠났다. 그러던 어느 날, 날이 어두워져 랍비는 어느 헛간을 찾아 들어갔다. 아직 잠들기에는 이른 시간이었기 때문에 그는 등불을 켜고 책을 읽었다. 얼마 후 밖에서 거센 바람이 헛간으로 불어 들어와 등불을 꺼트려버렸다. 랍비는 하는 수 없이 잠을 청했다.

다음 날 아침이 되어 랍비는 자신의 당나귀와 개가 간밤에 여우와 사자에게 공격을 당해 죽었다는 사실을 알고 크게 낙심했다. 남겨진 등 하나를 들고 길을 터덜터덜 걸어가던 랍비는 곧 다음 마을에 도착했다. 그런데 마을 어느 곳에서도 사람의 그림자를 찾을 수 없었다. 마을을 살펴보던 랍비는 전날 밤에 강도떼가 그 마을을 습격해 사람들의 물건을 약탈하고 그들을 몰살한 것을 알게 되었다. 만약 바람에 등불이 꺼지지 않았다면 강도떼가 그 불빛을 발견했을 것이고, 개가 살아 있었다면 개가 짖어대서 랍비가 헛간에 머물고 있다는 것을 들켰을지도 몰랐다. 또한 당나귀가 살아 있었다면 인기척을 듣고 시끄럽게 울어대서 랍비 역시 당나귀처럼 강도떼의 위협을 받아 죽었을지도 몰랐다. 지난밤 모든 것을 잃음으로써 랍비는 목숨을 건졌다.

이렇듯 모든 것을 잃은 최악의 상황에서도 사람은 희망을 잃어서는 안 된다. 나쁜 일이 뒤집혀 좋은 일이 될 수 있기 때문이다.

일어날 일은 반드시 일어난다

솔로몬 왕에게는 아주 아름답고 영리한 공주가 있었다. 어느 날 솔로몬 왕은 꿈을 꿨는데, 꿈속에서 자신의 딸이 전혀 어울리지 않는 남자와 사랑에 빠지는 모습을 보았다. 자신의 꿈이 현실이 되지 않도록 왕은 공주를 작은 섬에 가두기로 했다. 섬에 있는 작은 궁에 담을 높게 쌓은 후에 경비병을 배치한 뒤 솔로몬 왕은 안심하며 되돌아갔다.

그 무렵 솔로몬 왕의 꿈에 나온 남자는 황무지를 홀로 걷고 있었다. 그는 추위를 피하고자 동물의 털가죽을 두르고 잠을 청했다. 그런데 어디선가 나타난 독수리가 그와 그가 덮고 있던 털가죽을 통째로 물고 하늘 위를 날았다. 새는 물고 있던 남자를 공주가 갇혀 있던 궁에 떨어트렸다. 남자와 공주는 곧바로 사랑에 빠졌고 꿈은 현실이 됐다. 이처럼 일어날 일은 반드시 일어나게 되어 있다.

영생의 자격

랍비가 시장에서 상인들에게 말했다.

"이곳에는 영생을 약속받기에 자격이 충분한 사람이 있군요."

랍비의 말을 들은 상인들은 누가 그런 자격을 갖추었는지 모르겠다는 표정으로 서로를 돌아보았다. 이에 랍비는 구석에 있는 두 사람을 가리키며 사람들에게 말했다.

"이 두 분이야말로 영생의 자격을 갖춘 분들입니다. 이분들은 선행을 많이 베풀었으니 영생을 약속받기에 충분하다고 할 수 있습니다."

상인들은 두 사람의 정체가 궁금했다. 두 사람 중 한 사람이 말했다.

"우리는 광대입니다. 우울한 분들에게는 웃

음을 주고 불화가 있는 분들에게는 화평을 안겨드리고 있죠."

큰 나무와 작은 나무

로마의 황제가 국고가 동이 난 것을 알고 이를 어떻게 해결해야 할지 고민하고 있었다. 황제는 대책을 세우는 데에 도움을 얻고자 랍비에게 전령을 보냈다. 랍비는 자신을 찾아온 전령에게 아무 말도 하지 않고 마당으로 나갔다. 랍비는 큰 나무들을 뽑고 그 자리에 작은 나무들을 심었다. 전령은 랍비의 마당에서 있었던 일을 황제에게 고했다. 황제는 이에 감탄하며 말했다.

"과연 그런 뜻이로구나."

황제는 곧바로 총리와 세리들을 모두 해직시켰고 이름은 없지만 정직한 관리들을 그 자리에 앉혔다. 그리고 얼마 지나지 않아 국고는 예전처럼 풍족해졌다.

선과 악

홍수가 지상을 뒤덮었을 때, 모든 것들은 살아남기 위해서 노아의 방주에 몰려들었다. 이렇게 몰려든 것들 가운데는 선(善)도 있었는데, 노아는 짝이 없는 것들은 방주에 태우지 않겠다고 말했다. 그래서 짝이 없던 선은 방주에 탈 수 없었다. 선은 급하게 자신의 짝이 될 만한 것을 찾아다녔다. 마침내 선은 자신의 짝으로 악(惡)을 데려와 노아의 방주에 탈 수 있었다. 그 이후 선이 있는 곳에는 항상 악이 따라다니게 됐다.

머리와 꼬리

숲속에 뱀이 살고 있었다. 뱀의 꼬리는 머리가 가는 대로 따라다녀야 하는 것에 불만이 많았다. 어느 날 꼬리는 머리에게 자신의 불만을 말했다.

"머리야, 나는 왜 항상 네 뒤만 졸졸 쫓아다녀야 하니? 머리 너는 항상 네 마음대로 아무데나 돌아다니지만 누구의 의견도 묻지 않잖아. 나도 가고 싶은 곳을 내 마음대로 가고 싶어."

뱀의 머리는 꼬리에게 말했다.

"꼬리야, 너는 눈이 없어서 앞을 볼 수 없고 귀가 없어서 듣지를 못해. 그러니 너는 어디로 가야 안전한지 알 수 없잖아. 나는 나만을 위해서 갈 곳을 정하지 않아. 나는 우리 모두를 위해서 안전한 곳을 찾아다닌다고."

머리의 말에 꼬리가 화를 내며 말했다.

"됐어! 나는 이제부터 내가 가고 싶은 대로 갈 거야!"

꼬리의 말에 머리가 한숨을 쉬며 말했다.

"그래, 네 뜻이 정 그러면 할 수 없지. 네가 원하는 대로 앞장서렴. 내가 따라갈 테니까."

머리의 말에 꼬리는 신나서 앞장서서 길을 나섰다. 그런데 얼마 지나지 않아 문제가 생겼다. 눈과 귀가 없는 꼬리가 길을 잘못 들어서 냇물에 빠져버린 것이다. 꼬리가 물에 빠지자마자 한 몸인 머리도 함께 물에 빠지고 말았다.

뱀의 머리는 사력을 다해서 꼬리를 끌고 시냇물에서 빠져나왔다. 꼬리는 자신의 실수를 인정하지 않고 말했다.

"겨우 한 번 실수한 거잖아. 내가 다시 앞장설게."

"그래, 그러렴."

머리가 대답했다.

꼬리는 다시 앞장서서 길을 나섰다. 그런데 길을 조금 가다가 꼬리는 가시덤불로 기어 들어가고 말았다. 꼬리는 가시덤불에서 빠져나가려고 온 힘을 다했다. 하지만 꼬리에는 눈과 귀가 없었기 때문에 주변의 상황을 파악할 수 없었다. 꼬리가 몸부림을 칠수록 가시덤불에 더 깊숙이 빠져들었다.

"꼬리야, 가만히 있어봐. 내가 움직일게."

이번에도 뱀의 머리가 기지를 발휘해 덤불의 가시를 헤치면서 꼬리를 끌고 나왔다. 뱀은 가시에 긁혀 상처투성이가 되었다.

"겨우 두 번 실수했을 뿐이야. 내가 다시 앞장설게."

꼬리는 다시 앞장서겠다고 고집을 부렸다. 머리는 한숨을 쉬며 꼬리의 말을 따랐다. 그런데 이번에는 꼬리가 길을 잘못 들어서 산불 속으로 빠지고 말았다. 꼬리는 불 속에서 빠져나가기 위해 사력을 다했다.

"꼬리야, 가만히 있어봐. 내가 움직일게."

머리는 불을 피하기 위해 안간힘을 썼지만 꼬리에 불이 붙어버렸고, 결국 뱀은 온몸에 불이 붙어 타죽었다.

이처럼 단체를 이끄는 대표를 뽑을 때는 머리와 같은 사람을 선출해야지 꼬리 같은 사람을 뽑으면 안 된다.

굴뚝 청소

랍비가 제자들에게 물었다.

"두 사람이 굴뚝을 청소하고 나왔는데 한 사람은 얼굴에 까맣게 그을음이 묻고 다른 사람은 얼굴에 그을음이 전혀 묻지 않았다네. 그러면 두 사람 중에 누가 얼굴을 씻겠는가?"

한 명의 제자가 이에 답했다.

"그야 물론 얼굴에 그을음이 묻은 사람이겠지요."

제자의 대답에 랍비는 고개를 저었다.

"아니야. 얼굴에 그을음이 묻은 사람은 얼굴이 깨끗한 사람을 보고 자기 얼굴도 깨끗할 것으로 생각하고 씻지 않지만, 얼굴이 깨끗한 사람은 얼굴에 그을음이 묻은 사람을 보고 자기 얼굴에도 그을음이 묻었을 것으로 생각하고 자신의 얼굴을 씻게 되는 거야."

"그렇군요."

제자는 고개를 끄덕였다. 랍비가 다시 제자들에게 물었다.

"다시 물어보겠네. 두 사람이 굴뚝을 청소하고 나왔는데 한 사람은 얼굴에 그을음이 묻고 다른 사람은 얼굴에 그을음이 묻지 않았다네. 두 사람 중에 누가 얼굴을 씻겠는가?"

이에 다른 제자가 답했다.

"그야 당연히 얼굴이 깨끗한 사람이겠지요."

하지만 랍비는 또다시 고개를 저으며 말했다.

"두 사람이 함께 굴뚝을 청소했는데 어떻게 한 사람만 얼굴이 깨끗하고 다른 사람은 지저분할 수 있겠는가?"

하느님이 맡긴 보석

랍비의 집에는 중병에 걸린 두 아들이 있었다. 어느 날 랍비가 설교를 하러 교회에 갔는데, 설교를 하는 동안 랍비의 두 아들이 병이 악화되어 죽고 말았다. 랍비의 아내는 아이들을 흰 천으로 덮어주었다. 설교를 마치고 집으로 돌아온 랍비에게 아내가 말했다.

"당신에게 물어볼 것이 있어요. 어떤 사람이 제게 잘 보관해달라고 말을 하면서 아주 값비싼 보석을 맡겼어요. 그런데 어느 날 갑자기 그 사람이 돌아와서 맡겼던 보석을 달라고 말하면 제가 어떻게 해야 할까요?"

그 말에 랍비가 답했다.

"당연히 그 보석을 맡긴 주인에게 돌려주어

야지요."

랍비의 말을 들은 아내가 말했다.

"사실, 방금 전에 하느님께서 우리에게 맡겨둔 귀한 보석 두 개를 다시 가지고 가셨습니다."

아내의 말이 무슨 뜻인지 깨달은 랍비는 아무 말도 하지 않았다.

안식일

안식일 동안 유대인은 불을 붙이거나 끌 수 없다는 계율을 따라야 했다. 그래서 어떤 마을에서는 안식일 동안 불을 끄기 위해 비유대인을 고용하기도 했다.

어느 안식일 밤 한 유대인 가족은 불을 꺼주는 사람을 기다리고 있었다. 불이 켜져 있는 동안은 잠을 잘 수 없는 계율 때문에 그들은 잠자리에 들 수 없었다. 집주인은 자신의 어린 딸을 촛불 앞으로 불렀다.

"레베카, 너는 똑똑한 아이이니 히브리어로 유월절이 무엇인지 알고 있지? 무엇인지 큰 소리로 지금 말해보아라."

"페에, 삿, 하!"

레베카는 촛불 앞에 서서 큰 소리로 아버지의 말에 대답했고 그 덕분에 촛불이 꺼져 가족은 잠을 잘 수 있었다.

빈자의 마음과 부자의 마음

현명한 랍비에게 부자와 가난한 사람이 찾아왔다. 가난한 사람보다 먼저 온 부자는 랍비와 상담을 하기 위해 그의 방으로 들어갔다. 1시간이 지난 후, 부자는 한숨을 푹 쉬며 고개를 숙인 채로 힘없이 돌아갔다. 가난한 사람은 현명한 랍비에게 1시간이나 상담을 받고서도 실망하면서 되돌아간 부자를 이해할 수 없었다. 그런데 가난한 사람은 랍비와의 상담을 10분 만에 끝냈다.

"상담이 끝났습니다. 댁으로 돌아가세요."

랍비의 말을 들은 가난한 사람은 화를 버럭 냈다.

"앞에 상담하던 부자는 1시간이나 상담을

했는데 저는 왜 10분 만에 상담을 끝내는 겁니까? 제가 돈이 없어서 그런 겁니까? 정말 너무 하시네요."

가난한 사람의 말을 들은 랍비는 차분하게 말했다.

"그건 오해입니다. 당신은 이미 자신이 가난하다는 것을 알고 있지 않습니까. 부자는 자신의 마음이 가난하다는 것을 알게 되기까지 1시간이나 걸렸습니다."

랍비의 말을 들은 가난한 사람은 오해를 풀고 랍비에게 인사를 하고 집으로 돌아갔다.

마지막 식사

어느 겨울에 프랑스 사람과 이탈리아 사람, 유대인이 사형을 선고받았다. 사형집행인이 그들에게 말했다.

"너희들은 이제 사형을 당한다. 마지막으로 음식을 제공할 테니 먹고 싶은 것을 말해라."

프랑스 사람은 바게트와 와인을 먹고 싶다고 말했다. 원하는 음식을 먹은 후에 프랑스 사람은 사형을 당했다. 이탈리아 사람은 스파게티가 먹고 싶다고 말했고, 소원대로 그는 스파게티를 먹은 후에 사형당했다. 마지막으로 남은 유대인에게 사형집행인이 물었다.

"너는 무엇을 먹고 싶으냐?"

"큰 접시에 딸기를 가득 쌓아놓고 먹고 싶습

니다."

딸기가 먹고 싶다고 말한 유대인의 사형일은 결국 딸기가 나오는 계절까지 미뤄졌다.

누가 더 높은가

지혜로운 왕으로 잘 알려진 솔로몬 왕에게는 여러 곳에서 선물이 들어오곤 했다. 선물 가운데는 구하기 힘든 귀한 것들도 아주 많았다. 솔로몬 왕은 그 가운데 하늘을 날아다니는 양탄자를 가장 소중하게 여겼다. 솔로몬 왕은 시간이 나면 양탄자를 타고 하늘을 마음대로 날아다니고 먼 곳에 다녀오기도 했다. 그러다 왕은 오만한 생각이 들었다.

"난 지혜도 뛰어나고 이 양탄자로 어디든지 마음껏 다닐 수 있다. 내가 할 수 없는 일은 없어!"

그렇게 하늘을 날아다니던 중에 왕은 어디선가 흘러나오는 작은 목소리를 들었다.

"솔로몬 왕이다! 위험한 사람이니 빨리 숨어!"

벌레들의 속삭임을 들은 왕은 기분이 나빠졌다. 보물과 지혜로 모든 것을 할 수 있는 자신을 위험한 인물이라고 말하는 것에 화가 났다. 왕은 소리가 나는 곳을 찾아다니다가 작은 수풀에서 그 목소리의 주인공을 발견했다.

"이제 보니 조그마한 벌레로구나. 무슨 이유로 지혜롭고 현명한 내가 위험하다는 말을 했느냐?"

벌레는 왕에게 조곤조곤 대답했다.

"자신이 위대하다고 여기는 왕의 생각이 위험해서 그러합니다."

"나의 위대함을 보여주면 나에게 승복하겠느냐? 나는 양탄자로 날고 너는 네 날개로 날아서 누가 더 높이 나는지 대결을 해보자. 어떠냐?"

"그리하겠습니다."

솔로몬 왕은 말을 마치고 곧바로 양탄자를 타고 하늘 높이 올라갔다. 스스로 올라갈 수 있을 만큼 높이 올라갔다고 생각한 솔로몬 왕은 아래를 내려다보았다. 솔로몬 왕은 벌레가 어디 있는지 살펴보았다. 벌레는 어디에서도 보이지 않았다.

"너무도 쉬운 대결이구나."

왕은 벌레를 비웃었다. 그때 작은 소리가 들렸다.

"솔로몬 왕이시여. 저는 이곳에 있습니다."

고개를 든 왕은 자신의 머리 위에 있는 벌레를 보았다. 이에 솔로몬 왕은 미물이라고 여기는 작은 벌레와의 대결에서도 이기지 못하면서 스스로를 대단하다고 여겼던 자신이 어리석다는 생각이 들어 부끄러움을 느끼며 얼굴을 붉혔다.

물물교환

이스라엘과 아랍의 군대가 전쟁을 이어가고 있었다. 그들은 큰 전투를 치른 뒤 별다른 일 없이 한동안 평화로운 한 달을 보냈다. 군인들은 지루함을 느끼며 큰 전투가 일어나 전공을 얻어 금의환향할 수 있기를 바랐다.

그러던 어느 날 지루하게 보초를 서고 있던 이스라엘 병사들은 놀라운 광경을 목격했다. 이스라엘의 병사 가운데 한 명이 아랍군의 마차를 끌고 그들 앞에 나타난 것이다. 이스라엘 병사는 그 공로 덕분에 휴가를 받았다. 병사는 고향으로 향했다. 고향 사람들은 병사의 용맹함을 치켜세우며 그를 환대했다. 이스라엘 병사는 고향 사람들의 환대를 쑥스러워하며 자신의 부모님에게 말했다.

“사실 제가 한 일은 그리 용맹한 일이 아닙니다. 요즘 전투가 일어나지 않아 전공을 얻을 기회가 많지 않죠. 그래서 휴가를 가고 싶을 때 아랍군과 암호를 주고받은 후 약속된 장소에서 만나 서로의 마차나 무기를 교환하곤 합니다.”

가장 큰 고통

어느 마을에서 도둑이 잡혔다. 사람들은 도둑을 어떻게 처리해야 할지 회의를 했다. 그 모습을 본 도둑은 마을 사람들에게 외쳤다.

"당신들이 나를 때리거나 목을 매달아 죽게 하거나 창으로 찔러 죽여도 상관없소. 하지만 단 한 가지, 나를 창밖으로 내던지는 것만은 부디 하지 말아주시오."

그 말에 마을 사람들은 도둑을 창밖으로 내던지면 사나운 짐승이 와서 물어가기라도 하려나 하는 생각을 했다. 사람들은 도둑에게 가장 큰 고통을 주기 위해 그를 창밖으로 내던졌다. 그러나 도둑은 창밖으로 내던져지자마자 크게 웃으며 멀리 달아나버렸다.

2

사람은 무엇으로 사는가

나눌 수 없는 것

의견 차이로 다툼이 잦던 한 부부가 이혼을 하기로 했다. 부부는 이혼을 준비하면서 모든 것을 정확히 나누기로 합의했다. 그들은 은행에서 돈을 찾아서 정확히 반으로 나누었으며 집과 땅을 판 돈도 역시 정확하게 반씩 나누어 가졌다.

그런데 이렇게 나누는 과정에서 문제가 생겼다. 그들에게는 열한 명의 자녀가 있었던 것이다. 정확히 가진 것의 반을 나누기로 한 부부는 서로 자신이 아이를 한 명 더 데리고 가겠다고 주장했다. 결국 타협이 되지 않은 두 사람은 랍비를 찾아갔다. 두 사람의 이야기를 들은 랍비는 이렇게 말했다.

"사람은 돈이나 땅처럼 나눌 수 없는 것이니 자녀를 한 명 더 낳을 때까지 같이 사시오."

부부는 랍비의 말을 듣고 아이를 낳을 때까지만 함께 살기로 했다. 그리고 1년 후 부부는 쌍둥이를 낳아 기르게 됐다. 부부는 하느님이 이혼을 원하지 않는 것이라 생각하고 다시 행복하게 잘 살았다.

여성의 힘

마음씨가 착한 두 남녀가 결혼해서 잘 살다가 이혼을 하게 되었다. 남편은 얼마 후 마음씨가 나쁜 여자를 만나 재혼했다. 그리고 그는 아내의 영향을 받아서 악한 남자가 되었다. 아내도 얼마 지나지 않아 마음씨가 나쁜 남자를 만나 재혼을 했다. 그런데 마음씨 나쁜 남자는 아내의 영향을 받아서 착한 남자가 되었다. 이처럼 남자는 여자에 의해 만들어진다.

천국과 지옥

어느 가난한 집에 사는 아들이 아버지에게 닭을 잡아서 요리를 대접했다. 아버지는 가난한 형편에 돈이 어디서 나서 닭을 잡아왔는지 궁금했다.

"닭은 도대체 어디서 난 거냐?"

그러나 아들은 퉁명스럽게 대답했다.

"그건 알아서 뭐해요? 어서 드시기나 하세요."

아버지는 무안해서 아무 말도 하지 못하고 닭을 먹었다.

한편 그 마을에서 방앗간을 운영하던 가족도 가난을 면하지 못하고 어렵게 살고 있었다. 어느 날 나라에서 모든 방아꾼을 소집한다는 포고령이 내려왔다. 그 포고령을 들은 가난한 방아꾼의 아들은 아버지에게 방앗간을 맡기고 왕궁으로 갔다. 이 두 아들 중 누가 천국에 가고 누가 지옥에 갔을까?

천국에 간 사람은 바로 가난한 방아꾼의 아들이다. 가난한 방아꾼의 아들은 소집령을 듣고 모집한 방아꾼들에게 노역을 시킬 것을 미리 알아챘다. 그래서 그는 아버지에게 방앗간을 맡기고 아버지 대신 제 발로 소집에 응했던 것이었다.

닭을 잡아서 아버지에게 대접한 아들은 비록 닭을 잡아서 아버지에게 대접했으나 아버지에게 불친절하게 대했고 묻는 말에 제대로 대답하지 않았다. 그래서 그는 죽은 후 지옥에 갔다.

아버지와 다이아몬드

이스라엘의 어느 마을에 한 남자가 살고 있었다. 그는 매우 귀한 보물을 가지고 있었는데 그것은 금화 3,000닢을 주어야 살 수 있는 커다란 다이아몬드였다.

그 다이아몬드의 이야기를 들은 랍비 한 명이 그 다이아몬드를 구입해 사원에 장식하고자 금화를 넉넉하게 준비해서 남자를 찾아갔다.

"시세의 두 배인 금화 6,000닢을 드릴 테니 나에게 다이아몬드를 팔면 어떻겠소?"

랍비의 말에 남자가 곤란한 표정으로 말했다.

"죄송합니다. 지금은 다이아몬드를 팔 수가 없습니다."

청년의 말에 랍비는 놀라며 물었다.

"아니, 왜 그러는 거요? 다이아몬드를 다른 사람에게 혹시 팔거나 잃어버린 거요?"

그러자 청년이 대답했다.

"그게 아니라 아버지께서 낮잠을 주무시고 있기 때문에 다이아몬드가 보관된 금고를 열 수가 없습니다. 다이아몬드를 보관하는 금고의 열쇠는 아버지 베개 밑에 있습니다."

청년의 말을 이해할 수 없다는 듯 랍비는 다시 말했다.

"그러면 아버지를 잠깐 깨우면 될 일 아니오?"

청년은 랍비의 말에 대답했다.

"그건 절대로 안 됩니다. 다이아몬드의 값을 두 배로 쳐주신다고 해도 주무시는 아버지를 방해할 수 없습니다. 그러니 다이아몬드를 팔지 않겠습니다."

가장 강한 것

세상에는 가장 강한 열두 가지가 있다.

우선 가장 강한 것으로 돌을 들 수 있다. 그런데 돌은 쇠로 깎을 수 있다. 그렇지만 쇠는 불에 녹는다. 불은 물로 끌 수 있지만 물은 구름에 빨려 들어가며 구름은 바람이 불면 흩어져 사라지고 만다. 바람은 인간을 사라지게 할 수 없지만 사람은 공포나 괴로움 때문에 무너져 내린다. 술은 공포와 괴로움을 날려주지만 술기운은 잠을 이길 수 없고 잠 또한 죽음을 이길 수는 없다. 하지만 가장 강해 보이는 죽음조차 사랑을 이기지 못한다.

족제비와 우물

한 아가씨가 산속에서 길을 헤매다 어떤 우물가에 도착했다. 목이 말랐던 여자는 두레박을 타고 우물로 내려갔다. 물을 다 마신 여자는 우물 위로 올라가기 위해 안간힘을 썼지만 힘이 빠져 올라갈 수 없었다. 여자는 살려달라고 소리쳤다. 그때 근처를 지나가던 젊은이가 그 소리를 듣고 달려와 그녀를 구해주었다. 두 사람은 첫눈에 반해 결혼을 약속했다.

며칠 후 젊은이는 다시 길을 떠나게 되었다. 두 사람은 서로 떨어지는 것을 아쉬워하며 서로에 대한 사랑을 지키고 결혼할 것을 맹세했다. 두 사람은 자신들의 약속을 증명해줄 증인이 필요했다. 하지만 산속에는 인적이 드물어

증인을 찾기 힘들었다. 그때 여자가 숲으로 뛰어가는 족제비를 발견했다. 여자가 말했다.

"저 족제비와 여기 우물을 우리 약속의 증인으로 해요."

약속을 마치고 두 사람은 헤어졌다.

아가씨는 젊은이를 기다렸다. 하지만 젊은이는 여자와의 약속을 까맣게 잊고 여행을 하다가 다른 여자와 결혼을 했다. 얼마 후 젊은이의 아이가 태어났고 그는 가족과 행복하게 살았다. 그러던 어느 날 숲속 풀밭에서 낮잠을 자던 아이가 지나가던 족제비에게 목을 물어뜯겨 죽고 말았다. 젊은이와 그의 아내는 슬픔에 잠겼다.

몇 년 후 젊은이는 다시 자식 한 명을 얻었다. 젊은이는 매우 기뻐했다. 아이가 태어난 후 또다시 몇 년이 흘렀다. 그러던 어느 날 아이가 우물 속에 비친 하늘을 보다가 우물에 빠져서 죽어버렸다. 젊은이는 그제야 옛날에 우물가에서 결혼을 약속했던 아가씨를 기억해냈다. 그는 아내에게 과거를 고백하고 결혼을 약속했던 아가씨가 사는 마을로 돌아갔다. 그녀는 그때까지도 젊은이를 기다리며 결혼을 하지 않았다. 두 사람은 약속대로 결혼을 했고 그들은 행복하게 잘 살았다.

세 명의 딸

한 아버지에게 세 명의 딸이 있었다. 세 딸은 모두 아름다웠지만 한 가지씩 결점을 갖고 있었다. 첫째 딸은 너무나 게을렀고 둘째 딸은 손버릇이 나빴으며, 막내딸은 남들을 흉보는 것을 좋아했다.

그러던 어느 날, 세 딸의 아버지에게 어떤 사람이 찾아와서 세 딸을 자신의 세 아들과 결혼하게 하자고 말했다. 세 딸의 아버지는 자기 딸들이 각각 결점을 갖고 있다는 것을 솔직하게 말했다. 그러나 찾아온 사람은 그런 결점들은 책임지고 도와줄 수 있으니 괜찮다고 대답했다. 그래서 세 명의 딸은 그 사람의 세 아들과 각각 결혼을 했다.

시아버지는 세 며느리가 원하는 것을 할 수 있도록 해주었다. 게으른 첫 번째 며느리에게는 시종을 많이 두어 며느리를 대신해 일을 하게 했고 도벽이 있는 두 번째 며느리에게는 창고들의 열쇠를 주어 가지고 싶은 것이 있으면 아무거나 가져가도록 했으며 흉보기를 좋아하는 세 번째 며느리에게는 매일 아침 찾아가서 하고 싶은 말이 없는지 물어보았다.

몇 달 후 세 딸의 친정아버지는 딸들이 잘 지내는지 궁금해 그 집으로 찾아갔다. 맏딸은 자기가 하고 싶은 만큼 게으름을 피울 수 있어서 매우 기쁘다고 이야기했다. 둘째 딸은 가지고 싶은 것을 아무 때나 가질 수 있어서 기쁘다고 이야기했다. 막내딸은 시아버지가 매일 자신에게 할 말이 없는지 물어서 기분이 나쁘다고 시아버지의 흉을 봤다. 친정아버지는 딸들이 모두 행복하게 지내는 모습을 보고 기쁜 마음으로 돌아갔다.

결혼하는 딸에게

사랑하는 딸아. 네가 남편을 왕처럼 섬긴다면 남편은 너를 왕비로 대우할 것이다. 네가 만약 하녀처럼 행동한다면 남편은 너를 하녀로 취급할 것이다. 그리고 네가 자존심을 세워서 그에게 봉사하지 않는다면 그는 너를 힘으로 제압해 복종시킬 것이다.

남편이 친구를 만날 때는 그가 목욕하고 정장을 입고 나갈 수 있도록 도와라. 그리고 남편의 친구가 너희 집을 찾아오면 성의를 다해서 대접하도록 해라. 그러면 남편은 너를 소중히 여길 것이다.

마지막으로, 언제나 가정을 소중히 하고 남편의 물건을 아껴라. 그러면 남편은 네 머리에 왕관을 올려줄 것이다.

삼 형제와 마법 사과

어느 왕에게 아름다운 공주가 있었다. 그런데 공주는 무서운 병에 걸려서 죽음을 앞두고 있었다. 이 병을 고치기 위해서 나라 안에 있는 이름난 의사들을 모두 불렀지만 아무도 그 병을 고치지 못했다. 결국 공주의 병을 낫게 하려면 영약이 필요하다는 진단이 내려졌다. 왕은 공주의 병을 낫게 하는 자를 사위로 삼고 다음 대의 왕으로 임명하겠다고 포고령을 내렸다.

한편 왕궁과 멀리 떨어진 시골에 삼 형제가 살고 있었다. 삼 형제 중 첫째는 아무리 먼 곳에 있더라도 모든 것을 볼 수 있는 마법 망원경을 가지고 있었고, 둘째는 아무리 먼 거리라도 순식간에 날아갈 수 있는 마법 양탄자를 가지고 있었다. 그리고 셋째는 어떤 병이라도 순식간에 낫게 만드는 마법의 사과를 가지고 있었다.

마법 망원경으로 왕궁의 포고문을 본 첫째는 동생들에게 왕이 내린 포고령을 자세히 이야기해주었다. 삼 형제는 둘째가 가진 마법의 양탄자를 타고 순식간에 왕궁에 도착했고 셋째가 가진 마법 사과를 공주에게 먹여 공주의 병을 순식간에 낫게 했다.

왕은 크게 기뻐하며 잔치를 베풀었다. 왕은 그 자리에서 다음 대의 왕위를 계승할 사람을 임명하고자 했다. 그런데 삼 형제 중에 누구에게 왕위를 넘겨야 할지 결정하기가 어려웠다. 세 형제는 각각 자신이 왕위에 올라야 한다고 주장했다.

"제가 망원경으로 포고문을 보지 못했다면 공주님께서 병에 걸린 사실을 알 수 없었을 것입니다."

첫째가 주장했다.

"만약 제 마법의 양탄자가 없었다면 이렇게 먼 곳에 올 수는 없었을 것입니다."

둘째도 지지 않고 말했다.

"제가 가진 마법 사과가 없었다면 공주님의 병은 낫지 않았을 것입니다."

왕은 셋째를 선택했다. 첫째는 망원경을 그대로 가지고 있었고 둘째 역시 양탄자를 그대로 가지고 있었다. 하지만 셋째는 공주를 치료하느라 귀중한 사과를 주었기 때문에 아무것도 남지 않았다.

당신이 왕이라면 누구를 선택할까? 《탈무드》에서는 말한다.

"누군가에게 무엇을 해줄 때는 거기에 전부를 거는 것이 가장 중요하다."

경청의 힘

어느 부부가 싸움을 하다가 랍비를 찾아갔다. 랍비는 그들을 각각 따로 만나 그들의 이야기를 들어주었다. 상대가 보이지 않는 상태로 차근차근 이야기하다 보면 서로의 소중함을 깨달을 수 있을 거라 생각했기 때문이다. 랍비는 남편의 이야기를 들으면서 그가 하는 말에 공감해주었다. 아내의 차례가 되어 랍비는 또 한 번 여자의 하소연을 들어주고 그녀의 이야기들을 모두 공감해주며 고개를 끄덕였다. 랍비의 행동을 지켜본 제자들은 부부가 돌아간 후 랍비에게 물었다.

"스승님의 행동이 잘 이해되지 않습니다."

"무엇이 이해되지 않느냐?"

"스승님께서는 남자가 말할 때마다 전부 옳다고 말씀하시지 않았습니까. 그런데 여자가 말할 때도 전부 옳다고 하시니 말입니다."

"그랬지. 그래서?"

"그런데 두 사람은 서로 완전히 다른 말을 했는데 왜 두 사람 모두에게 옳다고 말씀하신 겁니까?"

제자의 말을 들은 랍비가 말했다.

"사람들이 같은 문제를 해결해달라고 찾아올 때는 당신은 옳고 저 사람은 틀렸다는 식으로 결론을 내려주면 안 된다네. 그런 방식은 서로 갈등만 키울 뿐이지. 그러니 어떤 말을 하든지 간에 우선은 상대의 말을 잘 듣고 인정해주어 그들의 화를 가라앉히고 이성적인 판단을 하도록 도와야 해."

유리창과 거울

한 남자가 랍비에게 물었다.

"랍비님 가난한 사람들은 서로 자신이 할 수 있는 최대한 상대를 도와주는데, 부자들은 가진 것이 많음에도 남들을 돕지 않습니다. 왜 이러는 걸까요?"

궁금해하는 남자에게 랍비가 말했다.

"창문을 통해 밖을 내다보세요. 무엇이 보입니까?"

남자가 대답했다.

"한 사람이 아이의 손을 잡고 걸어가고 있습니다."

랍비가 다시 그에게 물었다.

"이번에는 벽에 걸린 거울을 보세요. 무엇이

보입니까?"

남자가 대답했다.

"제 얼굴이 보입니다."

남자의 대답을 들은 랍비는 조용히 말했다.

"거울과 유리창은 모두 유리로 만들어졌습니다. 하지만 유리에 수은을 칠하게 되면 자신의 모습밖에 보이지 않게 되는 것입니다."

험담

남을 험담하는 것은 살인보다 더 나쁜 행위이다. 살인은 한 사람만 죽이지만 험담은 세 사람을 죽인다. 험담을 한 사람과 험담을 막지 않고 들은 사람 그리고 험담의 피해를 보는 당사자, 이렇게 세 사람 모두에게 죽음과 같은 상처를 준다.

험담은 칼보다 더 무섭다. 칼은 들고 있지 않으면 남을 해치지 못하지만 험담은 아무리 멀리 있더라도 사람을 해칠 수 있기 때문이다.

사람의 귀는 두 개이고 입은 하나이다. 이는 말하기보다 듣기를 더 중요하게 생각하라는 뜻이다. 또한 사람의 손가락이 자유롭게 움직이는 것은 험담이 들려올 때 귀를 막고 그에 동조하지 말라는 뜻이다.

개와 우유

어느 집에서 개를 기르고 있었는데 그 개는 가족 모두에게 사랑을 받았다. 어느 날, 주방으로 독사 한 마리가 기어 들어와서 아이가 마시려는 우유에 독을 뿜고 사라졌다. 이 사실을 모르는 엄마는 아이에게 우유를 주려고 했다. 아이에게 독이 든 우유를 마시지 못하도록 개가 사납게 짖어댔지만 가족은 계속해서 아이에게 우유를 먹이려고 했다. 그때 개가 갑자기 뛰어들어서 우유를 엎질러버렸다. 가족들은 이상한 행동을 하는 개를 보고 화를 내면서 발길질을 해댔다. 하지만 개는 발길질을 피하지 않고 엎질러진 우유를 핥아 먹었고, 뱀의 독에 중독되어 그 자리에서 죽었다. 그제야 가족들은

우유 안에 독이 들어 있었던 것을 알게 되었고
아이를 대신해 죽은 개에게 고마워했다.

살아 있는 바다

이스라엘의 요단강 근처에는 두 개의 호수가 있었는데, 하나는 '죽은 바다'인 사해라는 호수였고 또 하나는 히브리어로 '살아 있는 바다'라는 이름을 가진 호수였다.

사해에는 밖에서부터 물이 흘러 들어왔지만 그곳으로 들어온 물은 빠져나가지 못했다. 그래서 어떠한 생물도 그곳에서 살 수 없었고 말 그대로 사해는 죽은 바다가 되었다. 하지만 '살아 있는 바다'라는 이름의 호수는 한쪽으로 물이 들어와 다른 쪽으로 흘러나갔다. 그래서 그곳에는 많은 생물이 살았다.

사람이 살면서 자선을 행하지 않고 사해처럼 돈을 벌기만 하고 쓰지 않으면 그 안에는 아무것도 살지 못하게 된다. 그러나 돈이 들어오는 것과 나가는 것의 균형을 맞춰 '살아 있는 바다'처럼 살아간다면 그곳에는 많은 사람들이 살 것이다.

수의사

기분이 매우 나쁜 유대인 여자가 남편에게 수의사를 불러 진찰을 받게 해달라고 이야기했다. 남편은 깜짝 놀라서 되물었다.

"수의사에게 진찰을 받겠다고?"

여자가 대답했다.

"그래요. 나는 아침에 닭이 울면 일어나요. 그리고 하루 종일 말처럼 일하고 당나귀처럼 일을 끝내죠. 그리고 비버처럼 부지런히 움직여요. 당신은 기분이 나쁘면 나에게 아무 동물이나 가져다 붙이며 소리를 지르고, 기분이 좋으면 나를 고양이 새끼라고 부르지요. 그러니 저에게 의사가 아니라 수의사가 필요하지 않겠어요?"

태도의 차이

어느 부자가 다른 도시에서 공부하고 있는 아들이 쓴 편지를 받았다. 그는 비서에게 편지를 읽도록 했다. 비서는 편지를 읽는 것이 불쾌해 기분 나쁜 목소리로 편지를 읽었다.

"아버지. 새 옷을 사야 하니 빨리 돈을 보내 주세요."

부자는 아들의 편지 내용을 듣고는 화를 냈다.

"예의도 없는 놈 같으니라고. 아버지에게 이렇게 불쾌한 태도로 편지를 쓰다니. 돈 한 푼도 보내줄 수 없어!"

부자는 집으로 돌아왔다. 집에는 부자의 아내가 그를 기다리고 있었다. 속이 상해 있던 부자는 아내에게 편지를 전해주며 말했다.

"오냐오냐하며 키운 우리 아들이 편지를 어떻게 썼는지 보시오."

아내는 부드럽고 나긋나긋한 목소리로 편지를 읽었다.

"아버지. 새 옷을 사야 하니 빨리 돈을 보내주세요."

가만히 듣던 부자가 말했다.

"그래! 이 녀석이 신사처럼 정중하게 요청하고 있구나. 진작 그럴 것이지. 어서 돈을 부쳐줘야겠다."

메이어의 부탁

랍비인 메이어는 뛰어난 설교 실력 덕분에 이름이 알려져 있었다. 그는 매주 금요일 밤 교회에서 설교를 했다. 그때마다 수많은 사람이 설교를 들으러 찾아왔다. 그 가운데 메이어의 설교를 좋아해서 매주 그를 찾아가던 부인이 있었다. 다른 부인들은 안식일에 먹을 식사를 준비하느라 교회에 오지 않았는데 그 부인은 메이어의 설교를 듣고자 매번 메이어를 찾아갔던 것이었다.

그날도 부인은 메이어의 긴 설교를 듣고 행복한 기분을 느끼며 집으로 돌아왔다. 집에는 화가 난 남편이 아내를 기다리고 있었다.

"안식일 전날인데 식사를 준비할 생각도 안

하고 어딜 그렇게 돌아다니다가 이제 들어오는 거야?"

부인이 대답했다.

"메이어 랍비님의 설교를 들으러 교회에 다녀왔어요."

부인의 말에 남편은 화가 치밀어서 소리쳤다.

"그 메이언가 뭔가 하는 랍비의 얼굴에 침을 뱉고 오지 않으면 집의 문을 열어주지 않을 거야!"

남편은 문을 세게 닫고 들어가버렸다. 부인은 하는 수 없이 친구의 집에서 밤을 보냈다. 이 소식을 들은 메이어는 자신의 설교가 길어져서 가정의 평화를 해쳤다고 생각하며 후회했다. 그래서 메이어는 안식일마다 자신을 찾아오던 부인을 만나 한 가지 부탁을 했다.

"내 눈에 뭐가 들어간 것 같습니다. 부인께서 침을 뱉어서 씻어주시겠습니까?"

부인은 랍비의 눈에 침을 뱉었다. 이 광경을 본 랍비의 제자들이 이상하게 여겨 물어보았다.

"랍비님처럼 이름 높은 분께서 왜 저 부인이 침을 뱉는 것을 허락하셨습니까?"

제자들에게 메이어가 대답했다.

"한 가정의 평화를 위해서는 이보다 더한 일도 감수할 수 있는 거라네."

가장 가치 있는 것

어느 날 로마 황제가 랍비의 집에 방문해 랍비와 이야기를 나누었다.

"하느님은 도둑과 마찬가지로군. 어떻게 남자가 자는 틈을 타서 몰래 갈비뼈를 뽑아간 거지?"

그 말을 옆에서 듣고 있던 랍비의 딸이 황제에게 말했다.

"황제 폐하, 부하 한 사람을 제게 보내주시면 감사하겠습니다. 이상한 문제가 생겨서 알아보려 합니다."

"그거야 어렵지 않은 일이지. 알았다, 보내주마. 그런데 그 이상한 문제라는 것이 무엇이냐?"

황제의 질문에 랍비의 딸이 말했다.

"어젯밤에 저희 집에 도둑이 들어서 금고의 돈을 훔쳐갔습니다. 그런데 도둑이 금고에 황금 단지를 두고 갔습니다. 너무나 이상한 일이라서 그 이유를 조사해보려 합니다."

"그것참, 부러운 일이로구나. 나에게도 그런 도둑이 들었으면 좋겠구나. 그런데 그 이유를 조사할 필요가 있느냐?"

황제의 말에 랍비의 딸이 말했다.

"그렇게 말씀하실 줄 알았습니다. 이것은 하느님께서 아담의 갈비뼈 하나를 가져가신 일과 같은 일입니다. 하느님께서는 아담의 갈비뼈를 가져가는 대신, 그와는 비교도 할 수 없이 가치 있는 여자 하와를 보내지 않으셨습니까?"

거미와 모기와 미치광이

다윗 왕은 평소에 거미를 전혀 쓸모가 없으며 장소를 가리지 않고 아무 데나 거미줄을 치는 지저분한 벌레라고 생각했다. 그런데 어느 날 전쟁에서 패한 그가 적들에게 쫓겨 위기에 몰렸다. 급한 마음에 다윗은 동굴 속으로 숨어들었는데, 때마침 거미가 동굴 입구에 거미줄을 치기 시작했다. 늦게 도착한 적군의 병사들은 동굴 입구에 거미줄이 있는 걸 보고 사람이 지나가지 않은 것으로 생각하고 발걸음을 돌렸다. 거미 덕분에 다윗 왕은 목숨을 건질 수 있었다.

또 이런 일도 있었다. 다윗 왕은 어느 깊은 밤 막사에 숨어들어서 칼을 훔쳐온 후, 날이 밝은 뒤 자신이 칼을 가지고 온 것을 적장에게 알려서 그들의 기세를 꺾어 항복을 받아낼 것을 계획했다. 다윗 왕은 적장의 막사에 숨어서 기회를 엿봤다. 하지만 적장이 칼을 발밑에 두고 잠을 자고 있었기 때문에 칼을 건드리기만 해도 적장이 깨어날 것 같았다. 다윗 왕은 계속 기회를 엿보았다. 하지만 방법이 없어 보였고, 다윗 왕은 계획을 포기한 채 돌아가려고 마음먹었다. 그때, 모기 한 마리가 날아와서 적장의 발에 앉았다. 적장은 무의식적으로 발을 움직였다. 그 순간을 놓치지 않고 다윗 왕은 적장의 칼을 훔쳐내는 데 성공했다.

그리고 또 한 번은 다윗 왕이 적에게 포위되어 위기의 순간을 맞이한 적이 있었다. 왕은 그들 앞에서 미치광이 흉내를 냈다. 적들은 설마 이 미치광이가 왕일 것이라 생각하지 못하고 돌아가버렸다.

세상에 있는 것 중에 어떠한 것이든 쓸모없

는 것은 없다. 그러므로 아무리 쓸모가 없어 보이더라도 소홀히 대해서는 안 된다.

약한 자와 강한 자

세상에는 강한 자가 약한 자를 두려워하는 경우가 있다.

사자는 모기를 두려워한다.

코끼리는 거머리를 두려워한다.

전갈은 파리를 두려워한다.

매는 거미를 두려워한다.

아무리 힘이 강한 자라 할지라도 모두에게 두려운 존재는 아닐 수 있으며 아무리 약한 자라 하더라도 상대에 따라 강한 자를 이길 수 있다.

세 가지 벌

왕이 시종에게 시장에 가서 비싼 물고기를 사 오라고 말했다. 시종이 사가지고 온 물고기는 악취가 풍기는 상한 물고기였다. 왕은 시종에게 명했다.

"상한 물고기를 사와서 내 건강을 해칠 뻔했으니 너는 벌을 받아야겠다. 세 가지 벌 가운데 하나를 받지 않는다면 너를 용서하지 않겠다. 네가 물고기를 먹거나, 곤장 100대를 맞거나, 물고깃값을 물어내거라."

시종은 꾀를 내어 말했다.

"제가 그 물고기를 먹겠습니다."

시종은 그 물고기를 억지로 먹기 시작했다. 상한 물고기를 반쯤 먹던 시종은 구역질이 나서 도저히 더 먹을 수 없다고 말했다. 그래서 시종은 벌을 바꾸어달라고 청했다.

"곤장 100대를 맞겠습니다."

시종은 곤장을 맞기 시작했다. 그런데 한 대 두 대 맞다 보니 100대를 모두 맞으면 죽을 수도 있겠다는 생각이 들었다. 결국 시종은 매를 50대까지 맞다가 또다시 말을 바꾸었다.

"어르신! 어르신! 제가 물고깃값을 내겠습니다!"

시종은 물건을 잘못 사 온 대가로 결국 상한 물고기도 먹고, 곤장 50대를 맞았으며, 비싼 물고기 값까지 물게 되었다.

초대받지 않은 손님

랍비가 중요한 일에 대해 논의하기 위해서 마을 사람 여섯 명을 초대했다. 그런데 모임 당일에 랍비의 집에 모인 사람은 모두 일곱 명이었다. 그중 한 사람은 랍비의 초대를 받지 않은 사람이었는데, 랍비는 초대받지 않은 사람이 누구인지 알 수 없었다. 랍비가 말했다.

"여기 모인 분들 가운데 초대받지 않은 분이 한 분 계십니다. 그분은 이 자리에서 나가주셨으면 합니다."

그러자 일곱 명 가운데 가장 능력이 뛰어나고 지혜로워서 그 자리에 꼭 있어야 할 사람이 자리에서 일어나 나가는 것이 아닌가. 왜 그가 자리에서 나간 것일까? 그는 그 자리에 초대받지 않은 사람이 부끄러워하지 않도록 스스로 나간 것이었다.

혀 이야기 2

랍비가 제자에게 시장에 가서 가장 맛있는 것을 사 오라고 말했다. 제자는 시장에 가서 동물의 혀를 사 왔다.

며칠 후 랍비는 제자에게 시장에 가서 가장 싼 것을 사 오라고 했다. 제자는 이번에도 동물의 혀를 사 왔다. 이를 본 랍비가 제자에게 물었다.

"지난번에 가장 맛있는 것을 사 오라고 했을 때도 혀를 사 오더니 이번에도 혀를 사 왔구나. 그 이유가 무엇이냐?"

제자가 랍비에게 답했다.

"혀는 잘 쓰면 그것보다 더 달콤한 것이 없지만, 혀를 함부로 사용한다면 그것보다 더 값어치가 없는 것이 없기 때문입니다."

랍비의 울음

많은 사람의 존경을 받는 랍비가 있었다. 그는 언행이 바르고 친절했으며 성품이 고상하고 자애로웠다. 그 랍비는 하느님을 받들어 모시고 생명을 귀히 여길 줄 알아서 나뭇가지 하나도 소중히 다루었다. 이러한 랍비의 성품은 제자들의 존경을 샀다.

랍비는 나이가 들면서 쇠약해졌고 마침내 임종의 순간을 맞게 되었다. 제자들이 랍비의 주위에 둘러앉은 가운데 랍비가 갑자기 눈물을 흘렸다. 그 모습을 보고 제자들은 깜짝 놀라서 말했다.

"스승님 왜 눈물을 흘리시는지요? 선생님은 열심히 공부하셨고 저희에게 올바른 가르침을 주셨으며 저희에게 항상 자비로우셨습니다. 가장 존경받는 스승님께서 왜 이렇게 눈물을 흘리십니까?"

제자의 말에 랍비는 말했다.

"그래서 눈물을 흘리는 것이다. 마지막 순간을 맞이해 살아 있는 동안 내가 진지하게 진리를 탐구했는지, 올바른 몸가짐을 가졌는지, 자애로운 마음가짐을 가졌는지 되새겨봤다. 만약 어떤 사람이 진지하게 진리를 탐구하며 올바르고 자애롭게 살았는지 물어본다면 나는 모든 것을 실천하며 살았다고 대답할 수 있다고 생각했다. 하지만 평범한 사람들과 어울려서 함께 생활했는지 물어본다면 아니라고 대답할 수밖에 없다는 생각이 들었다. 그래서 이렇게 눈물을 흘리는 것이다."

상석

다른 사람들을 배려하고 아끼던 부자가 아들을 얻어 잔치를 벌였다. 사실 부자는 동네 사람들을 초대해서 맛있는 음식을 잔뜩 대접하고 싶은 마음에 잔치를 열었다. 부자의 마음을 알고 있는 가족 중 한 사람이 부자에게 말했다.

"가난한 사람에게 상석을 내어주면 어떨까요?"

그러자 부자가 말했다.

"가난한 사람은 배불리 먹고 싶어서 잔치에 온단다. 그런 사람들에게 상석을 주면 불편해서 마음껏 음식을 먹지 못하는 법이지. 그들에게는 구석진 자리를 마련해주어서 눈치 보지 않고 맘껏 먹을 수 있도록 배려해주는 것이 좋

아. 이와 달리 부유한 사람들은 대접을 받기 위해 오기 때문에 그들에게는 상석을 내어주는 것이 좋다. 이렇게 대접한다면 부자나 가난한 사람이나 모두 만족해서 돌아갈 것이다."

감사하는 마음

최초의 인간인 아담은 빵을 먹기 위해서 수많은 일을 해야 했다. 밭을 갈고, 씨를 뿌리고, 곡식을 기른 뒤 수확해 가루를 만들고 이를 반죽해서 굽는 단계를 거쳐야 비로소 빵 하나가 완성되는 것이다. 지금은 돈만 있다면 다른 사람의 수고가 녹아 있는 빵을 쉽게 살 수 있다. 그러니 빵을 먹을 때는 많은 사람에게 감사하는 마음을 가져야 한다.

옷을 입을 때도 마찬가지다. 옷을 만들어 입으려면 많은 수고를 해야 했다. 양을 데리고 와서 기르고, 털을 깎아서 실을 만들고, 실로 옷감을 짜고, 옷감을 재단하고, 바느질을 해야 비로소 옷 한 벌이 완성된다.

이제는 직접 옷을 만들지 않고도 돈만 있다면 수많은 다른 사람들의 수고로 완성된 옷을 쉽게 구입할 수 있다. 그러므로 옷을 입을 때에도 많은 사람에게 감사하는 마음을 가져야 한다.

선행과 쾌락

바다를 항해하던 배가 갑자기 폭풍우에 휘말려 항로를 잃고 말았다. 바다는 다시 잠잠해졌다. 잠시 후 배에 타고 있던 사람들은 작은 섬을 발견했다. 섬에는 아름답고 귀한 꽃들이 피어 있었고 나무마다 맛있는 과일이 열려 있었으며 머리 위로는 아름다운 새들이 지저귀고 있었다. 선장은 사람들에게 섬에서 잠시 쉬다가 갈 것이니 배에서 너무 멀리 떨어지지 않도록 당부의 몇 마디를 했다.

승객들은 다섯 가지 유형으로 나뉘었다. 먼저 첫 번째 유형의 사람들은 그들이 섬을 구경하는 동안 순풍이 불어서 배가 갑자기 떠날 것을 걱정했다. 그래서 남들이 섬에 내려서 맛있는 과일을 먹는 동안 섬을 돌아보지 않고 배가 언제 떠나는지 생각하면서 배에 남아 있었다. 두 번째 유형의 사람들은 섬으로 내려와서 아름다운 꽃들을 감상하고 맛있는 과일들을 따서 실컷 먹은 후 곧바로 배로 돌아왔다. 세 번째 유형의 사람들은 섬에 내려가서 신나게 즐겼지만 갑자기 순풍이 불어 배가 출발하려는 것을 확인하고 배가 떠날까 봐 허겁지겁 뛰어 돌아왔다. 네 번째 유형의 사람들은 순풍이 불어서 선원들이 배를 출발시키려는 것을 보면서도 설마 자신들을 두고 출발하지는 않겠지 하는 안일한 생각에 섬에서 과일을 배부르게 먹었다. 그러다 배가 출발하는 것을 보고 그들은 그제야 사태를 파악해 바다를 헤엄쳐 배로 돌아왔다. 다섯 번째 유형의 사람들은 배가 출발하는지도 모른 채 섬에서 경치를 즐기며 정신없이 먹고 마셨다. 그들 가운데 어떤 사람은 독이 든 열매를 먹고 시름시름 앓다가 죽기도 했고 어떤 사람들은 숲속에 있던 맹수에게 잡아먹혀 죽음을 맞이하기도 했다.

이 이야기에 나오는 배는 인생의 선행을 말하고 섬은 쾌락을 뜻한다. 첫 번째 유형의 사람들은 인생의 쾌락을 완전히 무시하는 사람들이다. 두 번째 유형의 사람들은 목적지에 대한 의식을 잊지 않으면서도 적당히 쾌락을 즐기는 현명한 사람들이며 세 번째 유형의 사람들은 쾌락을 즐기지만 심하게 빠지지는 않아서 약간의 고생을 감수한 부류의 사람들이다. 네 번째 유형의 사람들은 선행을 베푸는 일을 추구했지만 너무 늦게 깨달은 바람에 더 큰 고생을 한 사람들이다. 마지막 유형의 사람들은 사람이 살면서 가장 경계하고 조심해야 하는 경우이다. 평생을 쾌락에 빠져 살면서 하고 싶은 대로 하고 선행을 추구하지 않다가 결국 죽음을 맞이하게 됐으니 이들은 매우 불행한 사람들이라 할 수 있다.

나무를 심는 노인

어느 노인이 마당에 과일나무를 심고 있었다. 지나가던 사람이 그 모습을 보고 노인에게 말을 걸었다.

"영감님, 그 나무는 언제 열매를 맺을까요?"

"나무가 다 자라고 열매를 맺으려면 아마 30년은 걸리겠지요."

노인의 말에 나그네는 이상해서 물었다.

"영감님께서 그때까지 살아계실 수 있습니까?"

노인은 대답했다.

"아무리 오래 산다고 하더라도 그렇게는 힘들겠지요."

나그네는 이해할 수 없어서 노인에게 다시

물었다.

"그러면 왜 먹지도 못할 과일나무를 심고 계십니까?"

노인은 나그네의 말에 이렇게 답했다.

"내가 어렸을 때 우리 집 마당의 나무들에는 과일이 많이 열렸습니다. 내가 태어나기 훨씬 전에 할아버지와 아버지께서 나무를 심으셨기 때문이지요. 지금 나는 그분들이 했던 일을 따르는 것뿐입니다."

세 명의 친구

왕이 어떤 남자에게 전령병을 보내어 자신을 찾아오라고 명령했다. 왕의 명을 받은 남자에게는 세 명의 친구가 있었다. 남자는 세 명의 친구 가운데 첫 번째 친구를 가장 소중하고 절친한 친구로 여겼다. 남자는 두 번째 친구와도 절친한 친구로 지냈지만 첫 번째 친구만큼 가깝게 생각하지는 않았으며, 세 번째 친구와는 그다지 가깝게 지내지 않았다.

왕의 전령이 왔을 때 남자는 자신이 뭔가 잘못을 저지른 것은 아닐까 덜컥 겁이 났다. 그래서 세 명의 친구들에게 함께 가자고 부탁하기로 마음먹었다. 남자는 제일 먼저 가장 소중하게 여기던 첫 번째 친구에게 가서 부탁을 했다.

첫 번째 친구는 이유도 밝히지 않고 남자에게 가기 싫다고 대답했다. 남자는 가장 아끼던 친구가 거절하는 모습을 보고 크게 실망했다. 남자는 그다음으로 친하다고 생각하던 두 번째 친구에게 가서 부탁했다. 두 번째 친구는 남자에게 말했다.

"왕궁 문 앞까지는 같이 가줄게. 하지만 난 왕궁 안으로 들어가지는 않을 거야."

남자는 또다시 실망했다.

마지막으로 남자는 그리 가깝게 지내지 않았던 친구에게 왕궁으로 함께 가달라고 부탁했다. 세 번째 친구가 말했다.

"그래 같이 가자. 네가 아무 잘못도 저지르지 않았으니 그렇게 두려워할 이유가 없어. 내가 함께 가서 왕께 이야기해줄게."

인생에서 세 친구는 각각 재산과 친척 그리고 선행을 의미한다. 첫 번째 친구는 재산이다. 아무리 재산을 사랑하고 소중히 여기더라도 죽을 때는 재산을 남겨두고 갈 수밖에 없다. 두 번째 친구는 친척이다. 친척은 장례식장까지는 따라오지만 관 속까지 따라오지는 않는다. 세 번째 친구는 선행이다. 선행은 죽은 이후에도 끝까지 함께한다.

아이

어떤 남자가 죽을 때가 다 되어 유서를 썼다. 남자는 유서에 자신의 아들에게 가진 재산을 전부 물려준다고 적었다. 하지만 거기에는 이해할 수 없는 조항이 하나 들어 있었는데, 그것은 아들이 바보가 되지 않으면 재산을 상속할 수 없다는 조항이었다. 이 유서를 보고 랍비가 말했다.

"당신은 어이없는 유서를 썼군요. 당신의 아들이 바보가 되어야만 유산을 물려주겠다니."

남자는 랍비의 말에 붓 한 자루를 입에 물고 이상한 울음소리를 내며 바닥을 엉금엉금 기어 다녔다. 그가 랍비에게 보여준 행동은 자식이 생기면 바보처럼 행동하며 아이를 어르는 부모의 행동과 같아 보였다. '바보가 되어야만 유산을 물려준다'는 말은 남자의 아들에게 자식이 생기면 유산을 상속한다는 뜻이었다.

'아이가 생기면 사람은 바보가 된다'는 속담도 여기서 비롯되었다. 유대인에게 아이는 아주 소중한 존재이므로 그들은 아이를 위해 모든 것을 희생하기도 한다.

바보의 생각

바보가 랍비를 찾아가 질문을 했다.

"랍비님 나는 참 멍청합니다. 그런데 어떻게 하면 현명해질 수 있을까요?"

랍비가 대답했다.

"자기 자신을 바보라고 생각한다면 자네는 바보가 아니라네. 그리고 그런 생각은 누구나 다 하는 거지."

바보는 랍비의 대답에 고개를 갸웃거리며 되물었다.

"그런데 사람들은 다 나를 보고 바보라고 불러요. 왜 그럴까요?"

랍비가 그의 말에 다시 대답했다.

"다른 사람들이 바보라고 부르는 것 때문에

스스로 바보라고 생각하다니, 당신은 역시 바보가 맞군."

3

고난은 웃음을 낳는다

농담

어떤 마을의 강 위에 흔들다리가 놓여 있었다. 늙은 랍비가 그 다리를 건너고 있었는데, 바람이 강하게 불어 다리가 심하게 흔들렸다. 늙은 랍비는 기도했다.

"하느님, 만약 이 다리를 안전하게 건너게 해주시면 제 재산의 반을 기부하겠습니다."

랍비가 기도를 마치자마자 바람이 멈추면서 다리가 흔들리지 않았다. 랍비는 다리 끝 쪽에 이르러 하늘을 향해 말했다.

"다리를 거의 다 건넜으니 기부는 하지 않겠습니다."

그러자 곧 바람이 다시 불면서 다리가 심하게 흔들렸다. 랍비는 흔들리는 다리 위에서 하늘을 향해 다시 소리쳤다.

"오, 하느님, 마지막으로 한 말은 농담입니다. 너무 심각하게 받아들이지 마세요!"

일대일

전쟁터에서 상관이 부하들에게 명령을 내렸다.

"병사들아, 적군은 우리와 숫자가 비슷하다. 그러니 일대일로 싸워서 이겨라!"

상관의 말을 들은 병사 하나가 말했다.

"저는 적군 둘을 맡겠습니다!"

그러자 그 병사 옆에 있던 다른 병사가 말했다.

"그러면 저는 집으로 돌려보내주세요."

닭의 다리

어느 날 저녁 유대인의 식탁에 통닭 요리가 올라왔다. 어린아이는 닭을 보고 입맛을 다시다가 가족 몰래 닭다리 하나를 먹었다. 식사 시간에 아버지는 닭다리가 하나뿐인 것을 보고 말했다.

"왜 닭다리가 하나뿐이지?"

아들이 말했다.

"다리가 하나인 닭이었나 보죠."

그 말에 아버지가 말했다.

"그건 말도 안 된다."

다음 날이 되어 아버지와 아들은 교회로 향했다. 길을 걸어가던 아들은 닭이 다리 하나를 날개 밑에 숨기고 한쪽 다리로 서 있는 모습을 보았다. 아들이 말했다.

"아빠, 저것 봐요. 닭의 다리가 하나밖에 없어요."

"아니란다. 저 닭들은 곧 다른 쪽 다리를 바닥에 내릴 거야."

아빠의 말에 아들은 되물었다.

"그런데 어제저녁 때는 왜 닭의 날개 밑을 안 보셨어요?"

총무와 사업가

글자를 모르는 이민자 한 사람이 직장을 찾고 있었다. 그는 교회에서 총무를 구한다는 말을 듣고 교회의 담당자를 찾아가서 총무가 어떤 일을 하는지 물었다. 담당자가 그에게 말했다.

"총무는 교회를 청소하고, 예배를 볼 때 문을 걸어두고 수건을 나누어주며 교회에 낸 헌금에 대한 영수증을 발급하는 일을 합니다."

담당자의 말에 이민자는 깜짝 놀라며 말했다.

"나는 글을 쓸 줄 모릅니다."

그러자 담당자는 이민자에게 글을 쓸 줄 모르면 채용할 수 없으니 돌아가라고 말했다. 이민자는 할 수 없이 친구에게 돈을 빌려 행상을 시작했다. 그런데 일이 잘되어 상점을 낼 수 있게 됐고 몇 년이 지난 후에는 몇 개의 상점을 더 열 수 있었다. 그러던 어느 날 그는 돈을 빌리기 위해 거래하던 은행에 찾아가 은행가에게 말했다.

"5만 달러를 빌리겠습니다."

은행가가 대답했다.

"기꺼이 빌려드려야지요. 계약서에 서명 부탁드립니다."

은행가의 말에 이민자가 말했다.

"나는 글을 모릅니다."

이민자의 말에 은행가가 놀라며 말했다.

"글을 모르신다고요? 사장님이 만약 글을 쓸 줄 알았다면 얼마나 대단한 사람이 되었을까요?"

은행가의 말에 이민자는 잠시 생각하다가 웃으며 말했다.

"아마도 교회의 총무가 되었겠지요."

세 명의 병사

미국에서는 군인이 카드놀이 하는 것을 법으로 금지했다. 어느 날 세 명의 병사가 이를 어겨 군의 법정에 회부되었다. 세 명은 각각 가톨릭을 믿는 병사와 개신교를 믿는 병사, 유대교를 믿는 병사였다.

법정에서 가톨릭을 믿는 병사가 증언했다.

"성모마리아님의 이름으로 맹세합니다. 저는 카드놀이를 하지 않았습니다."

그다음으로 개신교를 믿는 병사가 증언했다.

"마틴 루터님의 이름으로 맹세합니다. 저는 카드놀이를 하지 않았습니다."

마지막으로 유대교를 믿는 병사가 일어나서

말했다.

“그런데 재판관님, 카드놀이를 혼자서 할 수 있나요?”

금발과 흑발

식당에서 밥을 먹던 손님이 사장에게 말했다.

"전에 여기서 일하던 금발의 아가씨는 일을 그만둔 모양이군요."

사장이 그의 말에 대답했다.

"잘 아시는군요."

그러자 손님이 사장에게 말했다.

"잘 아는 것은 아니고요. 오늘 수프에는 금색 머리카락이 아니라 검은 머리카락이 빠져 있어서요."

쥐와 고양이

자신이 쥐라고 생각하던 남자가 퇴원을 앞두고 있었다. 그런데 남자는 병원 입구 앞에 주저앉은 채로 꼼짝도 하지 않았다. 의사는 그의 모습을 보고 남자에게 물었다.

"왜 계속 앉아 계세요?"

남자가 의사의 말에 대답했다.

"저 앞에 고양이가 있어서 그렇습니다."

의사가 다시 물었다.

"당신은 스스로 쥐가 아니라는 것을 알고 있지 않았나요?"

의사의 말에 남자가 대답했다.

"하지만 고양이 쪽에서는 제가 쥐가 아니라는 사실을 아직 모를지도 모르잖습니까."

우표의 무게

나이 든 부인이 반송된 편지를 가지고 우체국에 찾아가 물었다.

"이봐요. 내 편지가 반송되었어요. 왜 그런 거죠?"

직원은 편지를 보고 대답했다.

"우표에 비해 편지의 무게가 무거워서 반송되었네요."

부인이 물었다.

"그러면 어떻게 해야 편지가 가나요?"

직원이 말했다.

"우표를 더 붙이세요."

그 말에 부인이 직원에게 말했다.

"뭐라고요? 우표를 하나 더 붙이면 무게가 더 무거워지잖아요."

바보가 아닌 증거

성경에는 하느님이 바보를 지켜주신다는 구절이 적혀 있다. 그 구절을 읽은 바보는 그 말이 옳은지 시험해보기 위해 창문에서 뛰어내렸고 결국 바보의 다리는 부러지고 말았다. 그의 아내는 바보 같은 행동을 했다고 바보를 꾸짖었다. 그러자 바보가 말했다.

"여보, 나는 바보가 아닙니다. 하느님이 바보를 지켜주신다고 했는데 내 다리가 부러졌으니 내가 바보가 아니라는 거지요. 만약 내가 바보였다면 하느님이 나를 지켜주셨을 겁니다."

우유 반 잔

어떤 남자가 신앙심이 깊은 여자와 결혼을 했다. 여자는 유대교의 전통과 식사법을 엄격하게 지켰다. 유대교의 식사법에 따르면, 고기를 곁들인 식사와 우유를 곁들인 식사는 여섯 시간의 간격을 두고 먹어야 했다. 하지만 남자는 그녀만큼 신앙심이 깊지 않아서 그 식사법을 따르기가 힘들었다.

어느 날 남자가 여자에게 말했다.

"여보, 우유를 한 잔 주세요."

여자가 남자의 말에 대답했다.

"우리는 불과 몇 시간 전에 고기를 먹었어요."

남자가 다시 말했다.

"우리가 몇 시에 고기를 먹었나요?"

여자가 대답했다.

"12시에 먹었어요."

"그럼 우유를 얼마 후에 마셔야 하나요?

"여섯 시간의 간격을 두고 먹어야 해요."

"지금 몇 시지요?"

남자의 물음에 여자가 시계를 보며 말했다.

"지금은 3시네요."

그러자 남편이 아내에게 말했다.

"그렇다면 나에게 우유를 반 잔만 줘요."

마차의 방향

유대인이 길을 걷다가 맞은편에 마차를 끌고 가는 마차 주인에게 물었다.

"여기서부터 샤티마지 마을까지 얼마나 걸릴까요?"

"30분쯤 걸립니다."

유대인은 마차 주인에게 마차를 얻어탈 수 있는지 물었다. 마차 주인은 유대인의 부탁을 흔쾌히 들어주었다. 얼마 후, 마차를 얻어탄 유대인은 30분이 지나도 마을이 눈앞에 보이지 않자 초조해져서 마차의 주인에게 물었다.

"샤티마지 마을까지는 아직도 많이 먼가요?"

"약 한 시간 정도 걸릴 것 같습니다."

"네? 아까는 30분이라고 하지 않았나요?"

"그랬지요. 하지만 이 마차는 샤티마지 마을의 반대 방향으로 가고 있습니다."

타버린 성냥

어머니가 아들에게 성냥을 사 오라고 심부름을 시켰다. 어머니는 아들이 사가지고 온 성냥을 켜보았다. 그런데 성냥에는 불이 붙지 않았고, 의아한 생각이 든 어머니는 자신의 아들을 불러 물었다.

"성냥에 불이 붙지 않던데 왜 그러는지 아니?"

그 말에 아들이 이상하다는 표정을 짓고 말했다.

"아까 성냥 하나하나를 다 켜봤을 때는 불이 잘 붙던데 이상하네요."

랍비의 대답

유대인 학생들은 문득 탈무드를 공부하면서 담배를 피워도 되는지 궁금증이 생겼다. 한 학생이 랍비에게 가서 물었다.

"스승님, 탈무드를 공부하면서 담배를 피워도 됩니까?"

랍비는 고개를 저으며 단호하게 말했다.

"안 된다."

이 이야기를 들은 다른 학생이 그 학생에게 말했다.

"너는 묻는 방법이 잘못되었어. 내가 다시 가서 물어볼게."

말을 마친 학생이 랍비에게 다시 질문을 했다.

"스승님, 담배를 피우는 동안에도 탈무드는 읽어야 하겠지요?"

그러자 랍비가 고개를 끄덕이며 말했다.

"그럼, 당연히 읽어야 하고말고.

시험 문제

네 명의 유대인 학생이 안식일에 교외로 놀러 갔다가 너무 즐거운 나머지 다음 날 수업도 빠지고 말았다. 학교로 돌아온 네 학생은 담당 교수에게 산속에서 자동차 바퀴의 바람이 빠져 어쩔 수 없이 수업을 듣지 못했다고 거짓말을 했다. 선생님이 학생들에게 말했다.

"그런 사정이 있었군. 그런데 어제 다른 학생들은 시험을 치렀으니 자네들도 시험을 보아야겠지."

교수는 네 학생을 서로 멀리 떨어뜨려 앉혀 놓고 종이를 나누어주며 말을 이었다.

"시험 문제는 다음과 같네. 어제 타고 있던 차의 네 바퀴 중 어느 바퀴에 구멍이 났는지 답하라."

양복 한 벌

랍비가 양복을 한 벌 맞추려고 양복점을 찾아갔다.

"당신이 그 소문난 양복장이로군요. 양복 한 벌 맞추는 데 시간이 얼마나 걸리겠습니까?"

양복장이가 대답했다.

"두 달 정도 걸립니다."

양복장이의 말에 랍비가 웃으며 말했다.

"양복 한 벌에 두 달이나 걸리다니. 하느님은 세상을 겨우 엿새 만에 창조하셨는데."

랍비의 말에 양복장이가 대답했다.

"그러니 세상에 문제가 많은 거 아닙니까."

기도와 저승사자

남자가 허겁지겁 뛰어와서 랍비에게 소리쳤다.

"랍비님, 제 아내가 죽을 것 같습니다!"

랍비는 기도한 후에 남자에게 말했다.

"이제 걱정하지 마세요. 제가 기도를 통해 저승사자의 칼을 뺏어버렸으니까요."

남자는 매우 기뻐하며 랍비에게 몇 번이나 감사 인사를 올리고 집으로 돌아갔다. 하지만 잠시 후에 그 남자가 돌아와서 말했다.

"제 아내가 죽었습니다, 랍비님."

남자의 말에 랍비는 화를 내며 말했다.

"저승사자 녀석! 기도로 칼을 뺏었더니 맨손으로 목을 졸라 죽였나 보군!"

입장 차이

유명한 유대 희극작가인 숄렘 알레이헴은 어느 날 미국의 작은 마을에서 낭독회를 열기로 했다. 낭독회 당일, 머리를 정리하기 위해 숄렘 알레이헴은 그 마을의 이발소에 들렀다. 그런데 이발소의 주인은 기분이 좋지 않아 보였다. 그래서 알레이헴이 물었다.

"무슨 일이 있나요?"

이발소 주인이 대답했다.

"무슨 일이 있지요. 오늘 우리 마을에 유명한 희극작가인 숄렘 알레이헴이 와서 낭독회를 한다고 해요. 그런데 우리 이발소는 저녁 8시에 문을 닫아요. 이발소를 정리하고 옷을 갈아입고 공연장에 가면 자리가 없을 거예요. 나는 아마도 공연이 끝날 때까지 서 있어야 할 것 같아요."

이발소 주인의 말에 그가 대답했다.

"나도 당신과 똑같은 입장이네요. 저도 숄렘 알레이혬의 낭독회가 끝날 때까지 계속 서 있어야 하거든요."

죽은 사람과의 대화

남자가 랍비를 찾아와서 물었다.

"랍비님 혹시 죽은 사람과 대화하는 것이 가능할까요?"

랍비가 대답했다.

"물론 가능합니다. 하지만 죽은 사람에게서 대답을 얻을 수는 없지요."

짐의 무게

몸이 깡마른 사람이 큰 짐을 들고 길을 걷고 있었다. 그 모습이 위태로워 보여서 지나가던 마부가 그를 불러 마차를 함께 타고 가자고 말했다. 깡마른 사람은 마차를 타면서 마부에게 감사의 인사를 했다. 그런데 마차에 탄 후에도 깡마른 사람은 짐을 들고 있었다. 마부가 그에게 물었다.

“짐을 바닥에 두면 좀 더 편할 텐데요.”

깡마른 사람이 마부에게 말했다.

“저 때문에 말이 힘들 텐데 짐까지 싣다니요. 짐은 그냥 제가 들겠습니다.”

기도는 해야지

유대인 학생 두 명이 하느님이 실제로 존재하는지에 대해 열띤 토론을 벌이고 있었다. 한 명은 하느님이 존재한다고 주장했고, 다른 한 명은 하느님이 존재하지 않는다고 주장했다. 논쟁을 계속하다 목이 말랐던 한 학생이 물을 달라고 요청했다. 그 학생은 하느님이 존재하지 않는다고 주장하던 학생이었다. 물을 건네받은 학생은 기도를 하고 물을 마셨다. 다른 학생이 물었다.

"자네는 하느님이 존재하지 않는다고 말하면서 왜 하느님께 기도를 하나?"

그 말을 듣고 학생이 대답했다.

"유대인은 무언가 먹거나 마실 때 항상 기도

하지 않나. 여기에 하느님의 존재가 무슨 상관인가?"

다음 정거장

어느 날 수염을 길게 기른 유대인 한 명이 버스를 탔다. 그런데 한 난쟁이가 손잡이를 잡을 수 없어 버둥거리다가 옆에 서 있던 유대인의 수염을 잡았다. 버스가 움직일 때마다 유대인은 당겨지는 수염 때문에 무척 아팠다. 결국 유대인은 고통을 참지 못하고 난쟁이에게 말했다.

"이보시오. 수염 좀 놓아주시오."

그러자 난쟁이가 올려다보며 물었다.

"다음 정거장에서 내리는 겁니까?"

두 번 속냐

이스라엘의 학교 교장인 조셉 에론은 국회 출마를 준비하고 있었다. 어느 날 그가 점심을 먹기 위해 길을 걸어가다가 거지가 구걸하는 모습을 보았다. 그는 평판도 쌓을 겸 거지에게 같이 식사를 하러 가자고 권했다. 식당에 도착한 거지는 기쁜 마음에 요리를 이것저것 주문했고 에론은 간단하게 샐러드만 먹었다. 식사를 마치고 음식값을 지불하려던 에론은 지갑을 두고 왔다는 것을 깨닫고 난처한 표정으로 식당 주인에게 말했다.

"나는 학교의 교장인 에론이오. 지갑을 놓고 와서 그러는데 금방 돌아와 음식값을 드릴 테니 잠시 기다려주시면 안 되겠습니까?"

음식점 주인은 화가 나서 소리를 질렀다.

"내가 당신 같은 사람을 얼마나 많이 본 줄 알아요? 당장 돈을 내지 않으면 경찰에 신고할 거요!"

에론은 출마를 준비하고 있었기 때문에 사소한 추문이 터지면 큰 타격을 받을 게 뻔했다. 그때 난처한 에론의 모습을 본 거지가 가진 돈을 털어 음식값을 지불했다. 에론은 거지에게 미안한 마음이 들어 그에게 말했다.

"미안합니다. 차를 타고 내 사무실까지 같이 가시지요. 제가 음식값을 드리겠습니다."

하지만 거지는 고개를 저으며 말했다.

"내가 한 번 속지 두 번 속겠소? 이제는 거지한테 차비까지 등치려고 하다니!"

우선순위

어느 유대인 신자가 자신이 따르던 이름 높은 랍비의 무덤 옆에 묻혔다. 신앙심이 깊은 다른 유대인들도 이름 높은 랍비 무덤 옆에 묻히기를 바랐다.

그러던 어느 날, 이름 높은 랍비의 무덤 옆에 남은 한 자리에 누가 묻힐지에 대한 문제를 두고 회당에서 유대인 두 명이 다툼을 벌였다. 그 모습을 본 랍비가 다툼을 말리다가 잠시 생각하더니 두 사람에게 말했다.

"남은 이 묏자리는 먼저 죽는 사람이 묻히는 걸로 하겠습니다."

콜레라와 화장실

어떤 유대인 남자가 콜레라가 퍼진 어느 마을에 머물게 됐다. 어느 날 유대인은 한밤중에 누군가가 자신의 방문을 두드리는 소리를 들었다. 문을 열어보니 두 사람이 환자용 들것을 가지고 문 앞에 서 있었다.

"여관 주인이 아무래도 손님께서 콜레라에 감염된 것 같다고 하면서 저희를 이곳으로 보냈습니다. 오늘 화장실에 열두 번이나 들락날락하셨다면서요?"

그 말에 유대인은 대답했다.

"그렇지요. 하지만 열한 번은 다른 사람들이 화장실을 쓰고 있더군요."

예비 행위

기차 안에서 장교와 유대인이 마주 앉아 있었다.

유대인은 심심해서 담배를 피울까 하고 담배 하나를 입에 물었다. 그런데 장교가 벌떡 일어나더니 유대인의 입에 물린 담배를 뺏어 창밖으로 던져버렸다. 유대인은 화가 나서 장교에게 따졌다.

"도대체 이게 무슨 짓입니까?"

"당신은 기차 안에서 금연이라는 것도 모르시오?"

"하지만 아직 담배에 불도 안 붙였잖소."

그러자 장교는 유대인을 노려보며 말했다.

"예비 행위도 금지요!"

유대인은 할 말이 없었다.

두 사람은 서로 아무 말도 하지 않고 있었다. 얼마 후 장교가 신문을 꺼내서 펼치려고 했다. 그러자 곧바로 유대인이 그의 신문을 뺏어 창밖으로 던져버렸다. 장교는 화가 나서 유대인에게 말했다.

"아니 지금 뭐하는 거요? 이런 예의 없는 행동을 하다니!"

유대인은 별로 놀라는 기색도 없이 도도한 표정으로 장교의 말에 대답했다.

"객실 안에서 대변을 보는 행위는 금지되어 있소."

유대인의 말에 장교는 더 화가 나서 말했다.

"내가 언제 대변을 보았다는 말이오?"

유대인은 그의 말에 대답했다.

"예비 행위도 금지요."

유대인의 고민

어느 유대인이 천국에 가야 할지 지옥에 가야 할지 고민하다 두 군데 모두 직접 다녀온 뒤 결정하기로 했다. 그는 먼저 천국으로 향했다. 그런데 천국은 교회처럼 너무 엄숙하고 규율에 맞춰진 것 같아서 왠지 답답하고 재미없게 느껴졌다. 유대인은 다음으로 지옥에 갔다. 지옥은 천국과 달리 활기차고 화려했으며 신나고 재미있어 보였다.

두 곳을 다녀온 유대인은 지옥에서 살기로 결심했다. 그는 죽은 뒤 지옥으로 향했다. 지옥에는 뿔이 달린 악마가 창을 들고 그를 기다리고 있었다. 깜짝 놀란 유대인이 지난번에 본 것과 너무 다르지 않냐며 악마에게 항의했다. 그러자 악마가 대답했다.

"원래 무엇이든 본보기로 보여줄 때는 잘 꾸며서 보여주는 법이지."

재담가의 선택

재담가인 어느 유대인은 바그다드 칼리프의 궁전에 초대받아 오랜 세월 동안 재담으로 사람들을 즐겁게 하며 살았다. 어느 날, 재담가는 잘못된 행동으로 칼리프의 기분을 상하게 했고 그 때문에 그는 사형을 받게 되었다. 칼리프가 말했다.

"오랜 시간 동안 네가 재미있는 이야기로 나에게 즐거움을 주었으니 네가 죽는 방법 정도는 직접 선택할 수 있도록 해주겠다."

그 말에 재담가가 말했다.

"자비로우신 칼리프여, 그렇다면 저는 늙어서 죽는 방법을 택하겠습니다."

선동

어떤 유대인이 강에 빠져서 허우적거리고 있었다. 로마 병사들이 강에 빠진 유대인을 발견했지만 그들은 물에 빠진 사람이 유대인이라는 이유로 그를 구해주지 않았다. 유대인이 그 모습을 보고 로마 병사들에게 소리쳤다.

"황제는 물러가라! 황제는 물러가라!"

돌아가던 병사들은 유대인의 선동하는 소리를 듣자마자 곧바로 강으로 들어가서 유대인을 건져낸 후 그를 체포했다.

달음박질

제2차 세계대전 당시 히틀러는 수많은 유대인을 학살했다. 유대인들은 이를 피하기 위해 러시아로 도망쳤다. 하지만 히틀러는 도망친 유대인을 잡아서 넘길 때마다 돈을 주겠다고 러시아 경찰들을 꾀어냈다. 그래서 러시아 경찰들은 유대인들을 불시에 검문해 빠짐없이 잡아들였다.

어느 날 두 명의 유대인이 길을 걷다가 맞은편에 러시아 경찰들이 걸어오고 있는 것을 보았다. 그런데 둘 중 한 명은 영주권을 가진 유대인이었고 다른 한 명은 영주권이 없는 유대인이었다. 맞은편에서 오는 러시아 경찰들을 보면서 영주권을 가진 유대인이 다른 유대인에게 말했다.

"경찰이 다가오면 나는 뒤돌아 뛰어갈 테니 자네는 아무 일도 없는 것처럼 걸어가도록 하게."

경찰이 가까워지자 영주권을 가진 유대인이 왔던 길을 돌아 뒤로 도망쳤다. 러시아 경찰들은 도망친 유대인을 쫓아서 뛰어갔다. 그 유대인은 어느 정도 뛰다가 걸음을 멈췄다. 러시아 경찰이 그에게 말했다.

"영주권을 보여주시오."

"여기 있습니다."

유대인은 영주권을 꺼내서 경찰들에게 보여주었다. 영주권을 본 경찰이 물었다.

"영주권이 있는데 왜 도망쳤소?"

유대인이 대답했다.

"요즘 몸이 아파서 병원에 다니는데 의사가 약을 먹은 후 30분 동안은 뛰라고 했습니다."

"뒤에서 경찰이 쫓아오는 것을 보았으면 멈

췄어야지."

경찰의 말을 듣고 유대인이 말했다.

"당신도 약을 먹고 나서 뛰라는 의사의 처방을 받은 줄 알았습니다."

4

돈으로 열리지 않는 문은 없다

파이

두 형제가 파이 하나를 놓고 싸우고 있었다. 두 형제는 서로 파이를 자르겠다고 다퉜다. 형이 칼을 들고 파이를 자르려고 하는 모습을 보고 아버지가 말했다.

"얘들아, 아버지 말을 들으렴. 누가 먼저 파이를 잘라도 상관없으니 한 사람이 파이를 자르면 다른 한 사람이 먼저 파이를 고르는 것으로 하자꾸나."

아버지의 말을 들은 형은 파이를 정확히 이등분으로 나누었다.

다윗의 재판

한 남자가 젊은 아내를 두고 세상을 떠났다. 그런데 그 마을의 영주는 전부터 이 여인을 사랑하고 있었다. 그래서 남편이 죽은 후 영주는 여인을 자신의 저택으로 불러들이려 했다. 여인은 이를 미리 눈치채고 몰래 여행을 떠나기로 마음먹었다. 여인은 남편이 자신에게 남긴 금화들을 항아리 몇 개에 나눠 담았다. 여인은 죽은 남편과 가장 친하게 지냈던 친구에게 항아리를 맡기고 다른 고장으로 떠났다.

얼마 후 여인의 꿀단지를 보관하고 있던 남편 친구의 아들이 결혼을 하게 되었다. 잔치 음식을 장만하느라 꿀이 필요해진 그는 여인이 맡겨둔 꿀단지가 떠올라 지하에 보관해두었던 꿀단지를 가져다가 열어보았다.

그런데 꿀을 조금 퍼내고 나니 항아리 밑에 금화가 가득 채워져 있는 것이 아닌가. 남자는 깜짝 놀라서 다른 꿀단지들도 살펴보았다. 역시나 다른 꿀단지 안에도 금화가 가득 들어 있었다. 그는 욕심이 생겨서 꿀단지 안에 있던 금화를 모두 꺼내어 챙긴 후 꿀을 사서 단지를 가득 채웠다.

세월이 흐르고 그 마을의 영주가 죽었다는 소식을 들은 여인이 마을로 돌아갔다. 여인은 꿀단지를 맡아두었던 죽은 남편의 친구에게 찾아가서 꿀단지를 달라고 했다. 그러자 그가 말했다.

"꿀단지는 당시 증인으로 세웠던 사람 앞에서 돌려주는 것이 좋겠습니다."

여인이 증인을 데려왔고 죽은 남편의 친구는 증인 앞에서 꿀단지를 돌려주었다. 여인은 꿀단지를 집으로 가지고 돌아왔다. 그런데 꿀단지의 뚜껑을 열고 꿀을 퍼내보니 금화가 하나도 없는 것이 아닌가. 여인은 너무 억울해서 판사를 찾아가서 이 일에 대해 하소연을 했다. 판사는 여인에게 물었다.

"그 단지 안에 금화가 있는 것을 본 사람이 있나요?"

여인은 아무도 모르고 자기 자신만 알고 있다고 답했다.

"그러면 나는 도와줄 방법이 없군요. 사울 왕께 가보십시오. 그분이라면 당신을 도와줄지도 모르겠소."

여인은 사울 왕을 찾아가서 하소연을 했다. 하지만 사울 왕도 별다른 수를 내지 못했다. 크게 실망한 여인은 집으로 가는 도중 우연히 다윗을 만나게 되었다. 훗날 왕이 되는 다윗은 당시 양치는 목동이었는데, 그가 지혜롭다는 소문이 그때부터 근방에 자자했다. 여인은 다윗에게 자신의 사연을 이야기했다.

"증인이 없어서 판사도 방법이 없다고 합니다. 다윗께서 저에게 도움을 주셨으면 좋겠습니다."

다윗은 여인에게 말했다.

"그러면 왕에게 가서 다윗이 이 재판을 맡아도 되겠는지 물어보고 허락을 받아오세요. 왕의 허락을 받아오시면 제가 최선을 다해서 돕겠습니다."

여인은 다시 사울 왕을 찾아가서 왕의 허락을 구하고 다윗과 함께 왕 앞으로 갔다. 다윗은 죽은 남편의 친구를 재판정으로 불렀다. 그리고 여인에게 금화가 담겨 있었다는 꿀단지를 가져오게 했다. 다윗은 여인에게 물었다.

"이 단지가 당신의 것이 틀림없겠지요?"

"틀림없습니다."

"이 안에는 금화가 차 있었다고 했지요?"

"네. 금화가 단지마다 가득 있었습니다."

다윗은 죽은 남편의 친구에게 물었다.

"이것이 여인이 당신께 맡겼던 꿀단지가 틀림없나요?"

"네, 맞습니다."

"당신은 이 안에 금화가 있는 것을 알았나요?"

"제가 보았을 때는 금화가 하나도 없었습니다. 그러니 제가 금화를 가져갔다는 것도 사실이 아닙니다."

"금화가 하나도 없었다고요?"

"네, 하느님께 맹세코 하나도 없었습니다."

"알겠습니다. 그러면 확인해보도록 하지요."

다윗은 대기하던 병사들에게 빈 단지를 가져오게 한 후에 꿀단지 속에 있던 꿀을 모두 그릇에 쏟아부었다. 그리고 사람들이 보는 앞에서 단지를 하나씩 깬 후에 꿀단지 조각들을 자세히 살펴보았다. 깨진 꿀단지 조각 중에 금화가 붙어 있는 것들이 있었고 다윗은 그 조각을 남편의 친구에게 내밀었다. 다윗이 말했다.

"당신의 거짓말이 드러났군요. 어서 여인에게 금화를 돌려주도록 하세요."

솔로몬의 재판

안식일을 맞아 유대인 세 사람이 예루살렘으로 가기 위해 가지고 있던 돈을 땅에 묻어두기로 했다. 그런데 그들 중 한 사람이 몰래 돈을 모두 꺼내가버렸다. 세 사람은 누가 범인인지 알기 위해서 솔로몬 왕을 찾아갔다. 세 사람은 그들 중 누가 그 돈을 훔쳐갔는지 솔로몬 왕에게 판결을 내려달라고 청했다. 솔로몬 왕은 세 사람의 이야기를 듣고 말했다.

"내가 보기에 세 분은 무척 현명한 사람들 같으니 먼저 내가 가진 어려운 문제를 해결할 수 있도록 도와주시오. 그러면 나도 당신들의 문제를 해결해주겠소."

솔로몬 왕은 이야기를 이어갔다.

어느 젊은 아가씨가 청년과 결혼하기로 약속하고 약혼을 했다. 그런데 얼마 후에 그 아가씨가 다른 사람을 사랑하게 되었다고 청년에게 말하면서 위자료를 지불할 테니 약혼을 파기하자고 했다. 하지만 청년은 위자료 같은 것은 필요 없다고 말했고 한 푼의 돈도 받지 않고 아가씨와 한 약혼을 파기해주었다.

그런데 이 아가씨에게 많은 돈이 있다는 사실을 알게 된 노인 한 사람이 그녀를 납치했다. 그녀는 노인에게 자신이 약혼했던 남자도 파혼을 요구했을 때 위자료도 받지 않고 자신을 자유롭게 해주었으니 노인도 그렇게 해주길 바란다고 말했다. 노인은 아가씨의 말을 듣고 그녀를 놓아주었다.

솔로몬 왕은 세 사람에게 물었다.

"당신들이 생각하기에 그들 중에 누가 가장 칭찬을 받아야 마땅할까요?"

첫 번째 유대인이 말했다.

"약혼까지 했지만 위자료도 받지 않고 파혼을 허락해준 청년이 칭찬을 받아야 합니다. 아가씨의 의사도 존중해주고 자신의 이익도 취하지 않았기 때문입니다."

그러자 두 번째 유대인이 말했다.

"그 아가씨야말로 칭찬을 받아야 합니다. 진정한 사랑을 찾아서 용기를 가지고 파혼을 하고 다른 사람을 찾아가는 용기야말로 칭찬받을 일입니다."

세 번째 유대인이 말했다.

"이야기가 복잡하고 이해가 안 되는군요. 돈 때문에 아가씨를 유괴한 노인이 돈을 받지 않고 그냥 풀어주다니, 이야기가 이치에 맞지 않습니다."

세 사람의 대답을 들은 솔로몬 왕은 세 번째 유대인에게 말했다.

"네가 바로 범인이로구나! 앞에서 말한 두 사람은 내 이야기를 듣고 애정이나 인간관계에

관심을 가졌는데 너는 돈만 생각하고 있구나. 네가 범인이 틀림없다."

아버지의 계산

어느 마을에 아버지와 아들이 살았다. 어머니가 일찍 돌아가셨기 때문에 아들은 어머니를 대신해 집안일을 맡았다.

그러던 어느 날 아버지가 병이 나서 갑자기 몸져눕게 되었다. 아들은 매일매일 아버지를 정성껏 간호했으나 아버지의 병세는 점점 더 악화되었다. 아들은 유명한 의원을 찾아가서 아버지의 진료를 맡겼다. 하지만 의원도 아버지의 병을 고치지 못했다. 의사가 말했다.

"자네 아버지가 무슨 병인지 알 수가 없군."

아들은 의사에게 호소했다.

"선생님 어떻게든 고쳐주세요."

"미안한데 내가 해줄 수 있는 것이 없네. 돌

아가시기 전에 마음 편하게 가실 수 있도록 해드리게."

죽을 날이 머지않았을 때 아버지는 아들에게 말했다.

"아들아. 종이와 연필을 가지고 오너라."

아들은 종이와 연필을 가지고 와서 아버지 옆에 앉았다.

"이제 내가 하는 말을 잘 받아 적거라. 사람의 이름과 금액을 불러주겠다."

아들은 아버지가 불러주는 대로 사람 이름과 금액을 종이에 받아 적었다. 아들은 아버지의 말씀이 끝난 뒤 종이를 살펴보았다. 종이에는 아버지가 돈을 빌려준 사람들의 이름은 있는데 아버지가 돈을 빌렸던 사람들의 이름은 적혀 있지 않았다.

"아버지, 저에게 돈을 갚아야 하는 사람의 이름은 불러주지 않으셨습니다. 어떻게 된 것인지요?"

아버지는 아들에게 말했다.

"아들아, 내게 돈을 빌려준 사람과 금액은 빌려준 사람들이 나보다 더 잘 기억하고 있을 거다. 그러니 따로 적어둘 필요가 없다."

아버지의 유언

예루살렘에서 멀리 떨어진 시골에 사는 어떤 유대인이 자신의 아들을 예루살렘의 학교에 보냈다. 그런데 아들이 공부를 하는 동안 유대인은 큰 병에 걸려 죽음을 목전에 두고 있었다. 그는 아들을 못 보고 죽을 것 같아서 유서를 쓰기로 했다. 그는 유서에 자신이 가진 모든 재산을 노예에게 물려주고 그 가운데 아들이 원하는 단 하나만을 아들에게 물려주겠다고 적었다.

얼마 후 유대인이 죽었고 노예는 자신의 운에 기뻐하면서 예루살렘으로 달려가 아들에게 유서를 전했다. 유서를 본 아들은 깜짝 놀라며 슬퍼했다. 아버지의 장례를 치르고 난 후에 아들은 어떻게 해야 할지 고민하다가 랍비를 찾아갔다. 그리고 랍비에게 유서의 내용을 말해주었다.

"지금까지 아버지가 화내실 만한 일은 단 한 번도 하지 않았습니다. 그런데 왜 아버지는 제게 재산을 물려주지 않으셨을까요?"

랍비는 아들에게 말했다.

"이보게, 그만 진정하게. 자네 아버님은 아주 현명한 분이시네. 그리고 자네를 마음 깊이 사랑하고 있어. 이 유서에 나타나 있지 않은가."

그 말을 듣고 아들은 이해가 되지 않아 랍비에게 반문했다.

"하지만 노예에게 전 재산을 다 주었잖아요. 그게 저를 사랑하는 건가요?"

랍비는 다시 말했다.

"아버님이 원하는 것이 무엇이겠나? 자네에게 무엇을 바라는가를 잘 생각해보면 알 수 있을 걸세. 자네 아버님은 자신이 죽었을 때 자네가 집에 없기 때문에 노예가 재산을 모두 가지고 달아나버리거나 마음대로 써버릴 것을 미리 생각하셨을 거야. 어쩌면 자신이 죽은 사실을 자네에게 알리지 않을지도 모른다 생각했겠지. 그래서 자신의 모든 재산을 노예에게 남긴다는 유서를 남기면 노예가 한시라도 빨리 임종 소식을 자네에게 알리고 재산도 소중하게 보관해 둘 거라 예상하신 거라네."

"그게 다 무슨 소용입니까?"

아들은 여전히 자신의 아버지의 속내를 이해하지 못했다. 랍비는 아들의 물음에 대답했다.

"자네는 아직 잘 모르는군. 노예의 모든 재산은 주인의 것이라는 것을 모르는가? 자네의 아버님이 자네에게 단 하나만 준다고 하시지 않았나. 그러니 자네는 아버님의 전 재산을 가지고 있는 노예를 유산으로 선택하면 되는 거야. 이것이 바로 자네 아버님의 현명함과 애정이 아니고 무엇이겠는가."

그제야 아들은 비로소 아버지의 뜻을 깨닫고 랍비가 말한 대로 행했으며, 이후 노예를 해방시켜주었다.

유대인과 알렉산드로스

알렉산드로스 대왕이 이스라엘을 방문했다. 랍비는 알렉산드로스 대왕에게 금은보화를 보여주었다. 하지만 알렉산드로스 대왕은 재물을 많이 가지고 있었기 때문에 그런 것에는 관심이 없었다. 알렉산드로스 대왕은 랍비에게 유대인들이 어떤 관습을 가지고 있는지 궁금하다고 말했다. 때마침 유대인 두 사람이 자신들의 문제에 대해서 의논하기 위해 랍비를 찾아왔다. 두 사람 중 한 명이 다른 사람에게 고물을 구입했는데 그 안에서 많은 돈이 나왔다는 것이었다. 돈을 발견한 사람이 말했다.

"나는 고물을 산 것이지 돈까지 산 것이 아닙니다. 그러니 이 돈은 돌려주는 것이 옳습니

다."

그러나 고물을 판 사람은 다른 주장을 했다.

"내가 판 것은 고물이 전부입니다. 그러니 고물 속에 무엇이 들어 있든지 간에 모두 당신 것입니다."

이 말을 들은 랍비가 판결을 내렸다.

"당신에게는 딸이 있고 당신에게는 아들이 있지요? 그러면 두 사람을 결혼시켜서 그들에게 돈을 주면 해결될 일입니다."

랍비는 두 사람의 문제를 해결해준 후에 알렉산드로스 대왕에게 이 문제에 대해 물어보았다.

"대왕 폐하의 나라에서는 이 문제에 대해 어떻게 판결을 내리는지요?"

그러자 알렉산드로스 대왕이 말했다.

"우리나라에서는 이런 경우 두 사람을 모두 죽이고 그 돈을 내가 가집니다. 그것이 나에게 올바른 방법입니다."

장사의 기술

어리석은 남자 두 명이 장사를 하기로 마음먹고 함께 돈을 마련해 옆 마을에서 커다란 술통을 하나 샀다. 날씨는 더웠고 돌아오는 길은 멀었기 때문에 두 사람은 목이 너무 말랐다. 그러던 중 한 명이 다른 한 명에게 술값을 지불하고 술을 한 잔 따라 마셨다. 그런데 동료가 술을 마시는 걸 보니 다른 한 명도 목이 말랐다. 그래서 그도 돈을 내고 술통에서 술을 한 잔 따라서 마셨다. 이렇게 돈을 주거니 받거니 하면서 술을 마시다 보니 어느새 술통은 바닥을 드러냈다. 그때 지나가던 사람이 두 사람에게 물었다.

"장사는 잘됩니까?"

어리석은 남자 가운데 한 사람이 대답했다.

"장사가 너무 잘되는군요. 한 시간 사이에 다 팔렸는데 그것도 다 현금으로 받았으니 말입니다."

보증인

두 남자가 교회 앞에서 대화를 나눴다. 한 남자가 말했다.

"요즘 돈이 너무 부족해."

다른 남자가 대답했다.

"그렇게 걱정하지 않아도 될 걸세. 하느님께서 자네를 도와주실 거라네."

돈이 부족하다고 말했던 사람이 다시 말했다.

"그거야 알고 있지. 그럼 내가 하느님을 보증인으로 세울 테니 자네가 돈을 빌려주면 안 되겠나?"

바지 치수

남성복 매장에 한 남자가 들어가 물건들을 살펴보았다. 남자는 바지 하나를 입어보며 점원에게 바지의 치수를 물었고, 덧붙여 빨래를 하면 바지가 줄어드냐고 물었다. 점원은 주인에게 다가가 귓속말로 말했다.

"손님이 저 바지의 치수를 물으면서 혹시 바지를 세탁하면 치수가 줄어드냐고 물었습니다."

"바지가 손님에게 딱 맞던가?"

"아니요, 조금 커 보입니다. 손님에게 딱 맞는 치수는 지금 재고가 없어요."

점원의 말을 듣고 사장이 말했다.

"그러면 손님에게 빨래를 하면 바지 치수가 줄어든다고 말해."

영리한 닭

시장에서 돌아온 여자가 불평을 늘어놓았다.

"요즘 달걀 수급이 안 된다고 해서 달걀을 못 샀거든요. 오늘 시장에 달걀이 들어온다고 해서 가봤더니 값이 두 배로 올랐더라고요. 달걀이 너무 비싸졌어요."

그 말을 들은 남편이 감탄을 하며 말했다.

"닭이란 놈들 정말 영리하군. 달걀값이 쌀 때는 일을 하지 않다가 가격이 두 배로 뛰니 이제야 알을 낳네."

불황을 극복하는 방법

유대 회당 앞에서 유대교 의식을 따라 하며 구걸하는 거지가 있었다. 어느 날, 개신교 신도가 예배를 하러 교회에 들어가다가 회당 앞에서 구걸하던 거지가 찬송가를 부르며 구걸을 하는 모습을 보았다. 그 모습이 기가 막혀서 개신교 신도가 거지에게 물었다.

"자네는 유대교인이 아니었나?"

그 말에 거지가 답했다.

"요즈음은 워낙 불황 아닙니까. 한 신만 섬겨서는 불황을 극복할 수 없으니 두 신을 섬기는 겁니다."

거래의 기술

어느 유대인이 비쩍 마른 소를 팔고 있었다. 그런데 소가 매우 허약해 보였기 때문에 시세보다 저렴한 100파운드라는 가격에도 불구하고 어느 누구도 관심을 갖지 않았다. 이 광경을 지켜본 다른 유대인 한 명이 그를 동정하며 말했다.

"장사를 잘 못하는군요. 제가 대신 팔아드릴까요?"

소의 주인인 유대인이 고개를 끄덕이며 소를 맡겼다. 유대인은 소를 받자마자 소리쳤다.

"자 여러분, 여기 사료비가 적게 들고 기르기 쉬운 최고급 암소가 있습니다. 우유가 많이 나오는 이 암소를 단돈 400파운드에 팔겠습니

다."

그 소리에 사람들이 주위에 모여들어 서로 암소를 사려고 했다. 이것을 본 소의 주인이 깜짝 놀라서 사람들 사이를 헤치고 들어가 소의 고삐를 낚아채며 말했다.

"이보시오. 이렇게 좋은 소를 400파운드에 누가 팔겠소? 이 소는 내 소이니 내가 데려가겠소."

잘못된 투자

가난하지만 하느님에 대한 신앙심이 깊은 유대인이 있었다. 그 마을에는 돈이 많은 부자이지만 아무도 돕지 않는 구두쇠 영감도 살았다. 어느 날 구두쇠 부자 영감이 복권 1등에 당첨되어 많은 돈을 받게 되었다. 이 모습을 본 가난한 유대인이 기도를 했다.

"하느님, 저는 하느님께 제 아이들에게 먹일 수 있는 음식과 입힐 옷을 살 수 있게 해달라고 기도했습니다. 제 기도는 그렇게 안 들어주시더니 어떻게 구두쇠 영감에게 저런 행운을 주십니까. 아무래도 하느님께서 잘못된 투자를 하신 것 같습니다."

숫자의 가치

유대인 부인은 아들이 이비인후과 의사가 될 것이라고 사람들에게 자랑을 하고 다녔다. 몇 해가 지나 한 사람이 그녀에게 아들이 어떻게 지내는지 물었다.

"네. 잘 지내고 있어요. 우리 아이는 치과 의사가 됐습니다."

안부를 물었던 사람이 그녀에게 다시 물었다.

"치과 의사요? 몇 년 전에는 이비인후과 의사가 될 거라는 이야기를 하신 것으로 알고 있는데요. 그사이에 무슨 일이 있었나요?"

유대인 부인이 대답했다.

"우리 아들이 인간에게 귀는 두 개뿐이지만

이는 서른두 개나 있다는 것을 알게 되었거든요."

말과 닭

유대인이 시장에서 말을 사서 돌아오다가 폭풍을 만났다. 말이 겁을 먹고 움직이지 않으려 하자 유대인은 하느님께 기도를 했다.

"하느님, 이 폭풍을 멈춰주세요. 만약 제 소원을 들어주시면 이 말을 팔아서 그 돈을 모두 헌금으로 바치겠습니다."

유대인의 기도가 끝나자 폭풍은 완전히 사라져버렸다. 유대인은 말을 몰고 다시 시장으로 돌아갔다. 그에게는 말 외에도 닭 한 마리가 더 있었다. 지나가던 농부가 유대인에게 물었다.

"지금 갖고 있는 말을 팔려는 건가요?"

"닭을 사는 사람에게만 말을 팔려고 합니

다."

"합해서 얼마요?"

"닭이 50파운드고, 말은 1파운드입니다."

거스름돈

유대인이 프랑스 식당에서 10불짜리 음식을 먹고 나서 값을 지불하려고 했다. 그런데 품 안에 있어야 할 지갑이 보이지 않았다. 유대인이 주인에게 말했다.

"손님의 따귀를 때리는 것은 경범죄인가요?"

식당 주인이 말했다.

"네."

"벌금은 얼마인가요?"

"50불입니다."

유대인이 말했다.

"음, 그렇다면 내 따귀를 한 대 때리고 저에게 40불을 거슬러주세요."

욕의 값어치

어느 마을에 유대인이 이사를 갔다. 그런데 마을 사람 가운데 한 사람이 끊임없이 이사를 온 유대인을 독선적인 수전노라고 욕했다. 유대인은 그를 불러서 말했다.

“내가 100파운드를 줄 테니 나에게 욕을 하시오.”

그는 신나서 돈을 받은 후에 유대인에게 한참 욕을 했다. 다음 날 유대인은 또 그를 불렀다.

“50파운드를 줄 테니 나를 욕하시오.”

그는 또다시 유대인에게 한참 욕을 하고 갔다.

유대인은 다음 날에도, 그다음 날에도 그 사

람을 불러서 욕을 시켰다. 그에게 주는 돈은 점점 줄어들어서 30파운드, 20파운드를 거쳐 결국 1파운드까지 줄었다.

어느 날 유대인은 그 사람을 불러서 1파운드를 줄 테니 자신을 욕하라고 말했다. 그러자 그 사람은 화를 내며 유대인에게 말했다.

"내게 겨우 1파운드를 받고 욕을 하라고? 난 당신의 요구대로 욕을 하지 않을 거요!"

오렌지와 석유

예루살렘을 찾아온 관광객이 유대교의 의식을 본 후 다른 유대인에게 물었다.

"예배는 엄숙하고 보기가 좋았습니다. 그런데 한 가지 이상한 것이 있어서요. 기도를 하다가 모세의 이름이 나올 때 사람들이 뭐라고 투덜대는 것 같던데 그건 왜 그런 겁니까? 모세는 가장 존경받는 선지자 아닙니까?"

그 말에 유대인이 답했다.

"천만에요. 요즘 모세의 인기는 바닥입니다. 그가 안내한 덕분에 유대인들은 오렌지가 열리는 땅에 도착해 정착할 수 있었습니다. 하지만 그 땅이 오렌지가 아닌 석유가 나는 땅이었다면 지금 그의 인기는 몇 배나 더 좋았을 겁니다."

구두쇠의 죽음

어느 마을에 살던 구두쇠가 죽었다. 장례식이 진행되는 동안 구두쇠의 아내는 전혀 울지 않았다. 장례식 행렬이 출발하자 자선단체 사람들이 모금을 독려하는 말을 외치며 행렬의 뒤를 따랐다. 그 모습을 본 구두쇠의 아내가 갑자기 눈물을 흘리기 시작했다. 아들은 자신의 어머니인 구두쇠 아내에게 물었다.

"왜 이제야 우시는 거예요?"

구두쇠의 아내가 대답했다.

"모금을 하는 사람들이 뒤따르는데도 네 아버지가 도망치지 않는 것을 보니 이제야 네 아버지가 죽었다는 것이 실감 나는구나."

오리를 팝니다

전쟁으로 먹을거리가 부족해져 사회에 식량 부족이 큰 문제로 대두되었다. 시장에서는 돈이 있어도 물건을 살 수 없는 상황이 지속되었다. 정부에서 물가를 조정하고 통제했지만 소용없을 정도였다.

이런 혼란스러운 상황 속에서 어느 유대인 한 명이 오리 한 마리를 200파운드라는 비싼 값에 팔아서 많은 돈을 벌고 있었다. 유대인의 이웃집에 사는 사람이 그의 흉내를 내어 신문에 오리를 판다는 광고를 게재했다. 하지만 손님이 찾기도 전에 경찰들이 찾아와서 오리를 모두 압수해갔고, 이웃집 사람은 크게 실망해 유대인을 찾아가 물었다.

"나는 신문에 글을 올리자마자 오리를 압수당했는데 당신은 어떻게 오리를 팔 수 있나요?"

유대인이 말했다.

"광고는 어떻게 냈습니까?"

"오리 한 마리당 200파운드씩에 판다고 올렸지요."

유대인은 혀를 끌끌 차며 말했다.

"그러니 경찰관이 찾아왔지요. 저는 이렇게 광고를 냈습니다."

유대인이 낸 광고는 다음과 같았다.

'교회에서 200파운드를 잃어버렸습니다. 만약 그 돈을 찾아주시는 분께는 보상으로 오리를 한 마리 드리겠습니다.'

비단 옷감

시골에 살던 부자가 옷을 해 입으려고 먼 도시에서 비싼 비단을 사 왔다. 부자는 마을에 도착해서 자주 가던 양복점에 찾아가 양복장이에게 말했다.

"이보게. 내가 도시에서 비단을 사 왔다네. 이 비단으로 내 옷을 만들어주게."

"물론이지요, 어르신. 제가 이 비단으로 멋진 옷을 만들어드리겠습니다. 그러면 옷을 만들기 위해 먼저 치수를 재겠습니다."

양복장이는 줄자로 부자의 치수를 쟀다. 그리고 비단의 크기를 재보고는 부자에게 말했다.

"어르신의 옷을 만들기가 어려울 것 같습니

다."

"그게 무슨 말인가?"

"옷을 만들기에는 비단의 양이 부족합니다."

주인의 말에 부자는 화를 내며 말했다.

"그게 무슨 소린가! 내가 이 비단을 도시에서 살 때 내 몸의 치수를 재고 샀다네. 혹시나 부족할까 해서 여분으로 비단을 더 사 왔는데 부족하다니. 말이 안 되지 않나?"

"그래도 모자라니 만들 수 없습니다."

"할 수 없지. 내 다른 양복점에 가서 옷을 맞춰야겠군."

"다른 양복점에 가도 마찬가지일 겁니다."

"이제 자네가 신경 쓸 일이 아니네."

부자는 단골 양복점에서 나와 다른 양복점을 찾아갔다. 다른 양복점의 양복장이가 부자에게 옷을 만들어줄 수 있다면서 일주일 후에 찾아오라고 말했다. 부자는 일주일 후에 멋지게 완성된 비단옷을 양복점에서 찾아왔다.

그런데 며칠 후 비단옷을 입고 잔치에 가던 부자는 깜짝 놀랐다. 자신의 비단옷을 만들어 준 양복장이의 아들을 길에서 보게 되었는데, 그 양복점 아들이 자신과 똑같은 비단으로 만든 옷을 입고 있었기 때문이었다. 부자는 자신의 옷을 만들고 비단이 남았기 때문에 두 번째로 찾아간 양복장이가 아들에게 옷을 만들어줄 수 있었을 거라 생각했다.

'그렇다면 단골 양복점 양복장이는 나에게 비단이 부족할 거라고 거짓말을 한 거로군. 내가 옷을 얼마나 많이 주문했는데 나에게 거짓말을 하다니. 정말 괘씸하군!'

부자는 단골 양복점 주인을 찾아가서 화를 냈다.

"이런 괘씸한 놈 같으니!"

"갑자기 무슨 말씀이십니까?"

"자네가 지난번에 부족하다고 말했던 비단

으로 내가 길 건너 양복점에 가서 옷을 맞춰 입었네. 그런데 그 양복점 양복장이는 내가 준 비단으로 내 옷을 만들고도 비단이 남아 자투리 비단으로 자기 아들에게 비단옷을 만들어주었더군. 자네는 내게 비단이 부족하다고 거짓말을 하지 않았나!"

부자의 말에 단골 양복점 주인은 쑥스러운 듯이 웃으며 말했다.

"아시면서 그러십니까."

"안다니 무슨 소리야!"

단골 양복점 주인이 대답했다.

"어르신도 아시겠지만, 그 양복점 주인은 아들이 하나입니다. 그런데 저는 아들이 두 명 아닙니까."

그 말에 부자는 기가 막혀서 아무 말도 하지 못했다.

맥주 한 잔

유대인 한 명이 술집에 가서 맥주 한 잔을 주문했다. 술집 주인이 가지고 온 유리잔에는 맥주가 절반밖에 담겨 있지 않았다. 유대인이 술집 주인에게 물었다.

"하루에 맥주를 몇 잔 정도 파나요?"

술집 주인이 대답했다.

"하루에 스무 잔 정도는 파는 것 같군요."

그 말에 유대인이 말했다.

"나는 당신이 맥주를 더 많이 팔 수 있는 방법을 알고 있어요."

유대인의 말에 주인이 반색을 하며 물었다.

"그런 방법이 있다고요? 어떻게 하면 됩니까?"

유대인이 말했다.
"맥주를 잔에 가득 채우면 되지요."

오랜 세월 동안 이어져 온 유대인들의 문화유산《탈무드》

《탈무드》를 이해하기 위해서는 우선《탈무드》의 탄생 배경을 알아야 한다. 탈무드는 한 문장으로 정의내릴 수 없을 정도로 오랜 세월 동안 지속되어왔기 때문이다.

서기 70년, 유대인들이 팔레스타인을 떠나 로마 제국의 여러 곳으로 뿔뿔이 흩어지게 되었다. 배움을 중시하는 유대교인들은 민족의 동질성을 유지할 수 있는 방법으로 통일된 하나의 성전을 구상하고자 했다. 그래서 유대교의 현인인 랍비들은 구전으로 전해지던 율법서

《토라》를 성문화했다. 이것이 바로《미슈나》, 즉《탈무드》의 전신이 된 기록서였다.

《미슈나》의 내용들은 크게 농사, 축제, 여자와 가정, 시민법, 성결, 의식 등 여섯 항목으로 구성되어 있다. 그런데《미슈나》는 원론적 내용만 담고 있어 일상생활에 그대로 적용하는 데 어려움이 있었다. 이에 랍비들은《미슈나》를 어떻게 일상생활에 적용할지 오랜 기간 토론하며 해석하는 데에 전력을 다했다. 이후 랍비들은《미슈나》에 대한 보충 설명과 해석을 담은《게마라》를 완성했고, 마침내《미슈나》와 그 주해를 담은《게마라》가 한데 모여《탈무드》를 이루게 된다. 본래 탈무드는《게마라》를 뜻하는 단어였으나, 시간이 지나《게마라》와《미슈나》를 합쳐《탈무드》라 부르게 됐다.

《탈무드》는 지역에 따라 두 가지로 나뉘는데, 하나는 4세기 말경에 완성된《팔레스타인 탈무드》이며 또 다른 하나는 6세기 초에 완성된《바빌로니아 탈무드》이다. 현재까지 알려진 《탈무드》는 대부분 《바빌로니아 탈무드》를 뜻하는데, 이는 63권의 방대한 책으로 이루어져 총 1만 2,000쪽으로 이루어져 있다고 한다.《팔레스타인 탈무드》는 1523~1524년 베네치아에서 처음 인쇄됐다고 전해지며 《바빌로니아 탈무드》는 1482년경 에스파냐에서 인쇄되었다고 전해진다.

《탈무드》는 유대인의 해학과 지혜, 처세 등이 총망라해 수록되어 있으며 유대인들의 종교와 전통, 문화와 도덕들도 담고 있다. 이런《탈무드》는 유대인뿐만 아니라 나라와 종교를 불문하고 많은 사람들에게도 사랑을 받았는데, 그 이유는 다양한 이야기를 통해 일상을 살아가는 사람들에게 누구나 공감할 만한 교훈과 방향성을 제시해주기 때문일 것이다.

《탈무드》는 처음 출간될 때부터 지금까지 마지막은 늘 백지로 남겨져 있어서, 그 자리에 탈무드를 읽은 독자 자신의 견해를 써 넣으며 스스로 탈무드를 완성해나가라는 뜻을 담았다고 한다. 그래서 《탈무드》는 완성된 책이 아니라 현재까지도 만들어지고 있는 위대한 유대인들의 문화적 유산이다.

삶에서 막막하고 어려운 일을 맞닥뜨렸을 때 탈무드를 펴보라. 《탈무드》를 통해 인생의 지혜와 해학을 배우며 스스로의 '탈무드'를 완성할 수 있을 것이다.

서기 210년

랍비 유다 하 나시, 농업・축제・결혼・민법・형법・제물・제식 등 구전 율법을 집대성하여 《미슈나》 편찬. 이 작업은 구전 율법의 방대한 전통이 사라지지 않도록 기록으로 남긴 것이었으며, 《토라》에 뿌리를 두고 후일 《탈무드》의 전신이 되었다.

3세기~4세기 초

《미슈나》를 중심으로 학문 활동이 활발히 이루어졌다. 랍비 아모라임이라 불리는 학자들이 등장해 미슈나를 해석하고 논의를 이어갔다.

4세기 중반

《미슈나》의 원론적 교리를 일상생활에 적용하기 위한 토론과 해설이 축적되었다. 이 과정에서 후일 《게마라》가 형성되었다.

4세기 말

팔레스타인 지역에서 《미슈나》와 《게마라》가 합쳐져 《팔레스타인(예루살렘) 탈무드》가 완성되었다. 이는 지역적으로 한정된 영향력을 가졌지만, 유대 공동체의 중요한 정신적 지주 역할을 하였다.

5세기

팔레스타인 탈무드의 전승이 이어지는 가운데, 바빌로니아 학문 공동체에서는 보다 방대한 연구가 진행되었다.

6세기

바빌로니아 학자들에 의해 《바빌로니아 탈무드》가 완성되었다. 팔레스타인판보다 내용이 방대하고 체계적이었기에 곧 유대 세계에서 중심적 권위를 차지하게 되었다.
오늘날 '탈무드'라 하면 대부분 이 《바빌로니아 탈무드》를 가리킨다.

6세기 이후

탈무드는 유대인의 율법 • 윤리 • 교육의 핵심으로 자리 잡았다. 이후 각 지역의 학자들에 의해 수많은 해석과 주석이 덧붙여졌다.

8~10세기
바빌로니아의 학자 집단 게오님이 탈무드 연구를 주도하며 권위 있는 해석서를 집필하였다.
이들의 활동으로 탈무드의 영향은 바빌로니아 지역을 넘어 흩어진 유대인 공동체, 곧 디아스포라 사회 전반으로 퍼져 나갔다.

11세기
프랑스의 랍비 라시, 탈무드 주석을 집필하였다. 그의 주석은 후대의 모든 연구에 필수적인 기반이 되었다.

12~13세기
프랑스 • 에스파냐의 토사포트 학자들은 라시의 주석을 보완하고 심화된 주석 작업을 이어 갔다. 이로써 중세 유럽 유대인 학문의 깊이가 한층 더해졌다.

1482년
에스파냐에서 《바빌로니아 탈무드》가 최초로 인쇄되었다.

이는 필사본에 의존하던 시대를 끝내고 인쇄 시대를 여는 결정적인 전환점이 되었으며, 이후 유럽 각지의 유대 공동체가 탈무드를 보다 널리 학습할 수 있게 되었다.

1523년

베네치아에서 《팔레스타인 탈무드》가 최초로 인쇄되었다.

비록 바빌로니아판에 비해 영향력은 제한적이었으나, 인쇄를 통해 그 전승이 확실히 보장되었다. 이 시기부터 탈무드는 활판 인쇄술의 도움을 받아 전 세계로 확산되기 시작하였다.

탈무드

1판 1쇄 펴낸 날 2025년 9월 25일

지은이 유대교 랍비
펴낸이 장영재
펴낸곳 (주)미르북컴퍼니
자회사 더스토리
전 화 02)3141-4421
팩 스 0505)333-4428
등 록 2012년 3월 16일(제313-2012-81호)
주 소 서울시 마포구 성미산로32길 12, 2층 (우 03983)
E-mail sanhonjinju@naver.com
카 페 cafe.naver.com/mirbookcompany
S N S www.instagram.com/mirbooks

* (주)미르북컴퍼니는 독자 여러분의 의견에 항상 귀 기울이고 있습니다.
* 파본은 책을 구입하신 서점에서 교환해 드립니다.
* 책값은 뒤표지에 있습니다.